金塊文化

金塊文化

大師莫言

蔣泥 著

目錄

大師莫言

第三輯 烘雲托月出「莫言」

目錄

第一輯 走進莫言

二〇一二年十月十一日晚七時，瑞典諾貝爾獎委員會公佈中國作家協會副主席莫言獲頒文學獎，新華社六分鐘後發出快訊，中央電視臺則在十分鐘後，在新聞聯播裡插播快訊，其後訪問莫言，稱他是第一位中國籍作家獲獎。

莫言獲諾獎，當之無愧

二〇一二年十月十一日晚七時，瑞典諾貝爾獎委員會公佈中國作家協會副主席莫言獲頒文學獎，新華社六分鐘後發出快訊，中央電視臺則在十分鐘後，在新聞聯播裡插播快訊，其後訪問莫言，稱他是第一位中國籍作家獲獎。瑞典評審團認為，莫言「將民間故事、歷史和當代時事以魔幻寫實手法治於一爐」，並將他的作品和美國小說家福克納及哥倫比亞魔幻現實主義作家馬奎斯進行比較。中國作家協會也高度讚揚基金會頒獎予莫言，是對中國文學的肯定。

我在第一時間向師友通報，著名作家、學者劉恆、李銳、黃國榮、黃獻國、王干、趙李紅、岳建一、聶聖哲、李承鵬、賈寶蘭等，都說值得祝賀。

十二日，《人民日報》以整版進行報導；《北京晚報》則連續兩天數個整版進行祝賀與追蹤報導；廣東的《南方都市報》也在頭版加以報導……

中國媒體都強調，莫言是首位中國籍作家獲文學獎。其實早在二〇〇〇年，出生於江西、祖籍江蘇泰州的高行健就已獲此殊榮，只不過他此前加入法籍，脫離母國。

莫言二〇一二年有望獲諾獎的消息，則自八月開始，就在網站等媒體熱炒，議論紛紛，意見不一，莫言被逼無奈，不得不數次進行回應。

批評意見認為，莫言沒有在現實生活中守住底線，曾在德國抵制其他中國作家出席法蘭克福書展，抄寫為政治服務的講話，迴避對同類的關注等等。其實這些意見似是而非。

一個作家，能不能得獎，得不得獎，靠作品說話。

莫言的《球狀閃電》、《金髮嬰兒》、《白狗秋千架》、《爆炸》、《牛》、《戰友重逢》、《歡樂》、《野種》、《枯河》、《蒼蠅·門牙》、《你的行為使我們恐懼》、《冰雪美人》、《斷手》、《棄嬰》、《懷抱鮮花的女人》、《紅蝗》、《祖母的門牙》、《透明的紅蘿蔔》，尤其是代表作《紅高粱》、《豐乳肥臀》等小說，完全能夠代表漢語文學的巔峰，放在《老人與海》等經典序列，亦毫不遜色。

那是原生態創作，狂放不羈，宣洩暴力，大才磅礡，氣勢恢弘，用語精切，浩蕩悲情，突破一切的倫理與規範。

他的感覺是流動的，奔騰的，喧囂的，張揚的，敘述視點變幻靈動，讓人如入畫鏡，如沐天風。

如果說沈從文是寫靜態、閉塞的人性自然美的話，那麼莫言是寫野性、雄豪之美。

一靜一動，都帶有中國本色。

《球狀閃電》裡微末的牛眼看人，在《生死疲勞》裡發展成龐雜的驢眼、牛眼、豬眼、狗眼、猴眼看人，主角西門鬧六道輪回，視界不斷切換。《爆炸》等小說裡的產婦產房生養，變身為《蛙》，變身為《豐乳肥臀》前九章上官魯氏和驢的難產。《民間音樂》裡的吹簫拉二胡等章節，預示了《檀香刑》裡戲班的登場。從《紅高粱》、《金髮嬰兒》，到《豐乳肥臀》、《檀香刑》裡的女主角偷情，都是欲望長久壓抑的結果，也是莫言小說經久不衰的主題……所有這一切，內容上或許創新不多，但結構上卻是精巧別致各各不同，新創不斷。他的散文集《會唱歌的牆》，細節飽滿感人，同樣出色。

也有人認為，莫言的《生死疲勞》、《蛙》等長篇小說，是專為諾貝爾文學獎炮製的，是在向諾貝爾獎獻媚。而《蛙》裡的日本人，就是日本作家大江健三郎——一個曾經獲得過諾貝爾文學獎的人，並且他極其推崇莫言。莫言是在討好諾貝爾獎。

莫言感慨道：「好像中國作家一個個都是被諾貝爾搞得坐立不安，今天去獻媚，明天去示好，這怎麼可能呢？你知道他喜歡什麼？再一個，難道文學有配方嗎？我能知道嗎？」

還有人把莫言獲獎和中國經濟奇蹟掛鉤，認為這是歐洲金融危機的反響；一旦莫言真的獲獎，那麼歐洲精神將崩潰，並降服於中國「茅盾獎」為首的文學勢力。

在諾貝爾文學獎獲獎名單公佈前，博彩公司「Unibet」賠率榜上，莫言以一賠六・五排在

中國作家莫言獲得二〇一二年諾貝爾文學獎

贏家賠率榜首位；日本的村上春樹以一賠八緊隨其後。而在博彩公司「Lad brokes」的賠率榜上，村上春樹以一賠十排第一，莫言以一賠十二排第二。恰好中日在釣魚島主權歸屬問題上起爭議，作家之爭，成為中日兩國之爭。

更有人把諾貝爾文學獎頒給莫言，說成是在「討好政權」。諸如此類的說法，都是在把文學往其他地方引，不足為據。如果這個獎和政治、經濟相關，那麼許多小國、不知名國家的作家獲獎，其經濟、政治影響力有限，難道也受其國力影響，以至於諾貝爾委員會不得不授予重獎？

文學獎就是文學獎，沒必要複雜化。

莫言說得好，諾貝爾委員會把文學獎授予他，是中國文學的榮譽，和經濟無關，和政治無關。

他能獲獎，是由於他的文學「表現中國人的生活」，並且「一直站在人文的角度，立足於寫人」。

他一直認為，優秀文學「超越黨派、超越階級、超越政治、超越國界」，作家有國籍，優秀的文學沒有國界。「優秀的文學作品是屬於人的文學，是描寫人的感情，描寫人的命運的。它應該站在全人類的立場上，應該具有普世的價值」。

至於有人誣衊莫言為獲獎，給評委馬悅然「高額翻譯費，走後門」等言論，莫言異常憤怒，嚴正申告這是誹謗，不排除用法律手段，維護自己和馬悅然的聲譽。

莫言獲獎，既不是第一個，也不是最後一個。

馬悅然透露，早在一九八七、一九八八年，諾貝爾文學獎最後候選人名單裡，就有中國作家沈從文，一九八八年基本已確定授予沈從文，但是龍應台說沈從文好像已去世，馬悅然連忙向中國駐瑞典大使館文化處詢問，答道「從未聽到過這個人」，他又諮詢其他人，才知道沈從文剛剛離世。

可見，這個獎早已屬意予中國人，只是最後時刻失之交臂。

如今授予莫言，應該說是當之無愧。

莫言很冷靜，得知獲獎後，表示獲獎「並不能代表什麼」，他會一如既往地寫下去，相信熱鬧是暫時的，很快會過去。

走進莫言，走進軍藝

初中時，我第一次讀《紅高粱》，感覺它真好，激情蕩漾，畫面感強，描寫精微，語言更美，便把它和《紅樓夢》、《紅與黑》並列為「三紅」。那只是啟迪自己，激勵自己，有一個標高，有一個參照，沒有旁的意思。

《紅高粱》的作者就是莫言。我讀到莫言的簡介，從此知道這世上有一個解放軍藝術學院文學系，冥冥中嚮往。

一九九八年我考入軍藝文學系，做了文學系的第二屆研究生。師從寫過《莫言論》的張志忠，莫言的同學黃獻國、朱向前、李存葆，以及張方等先生。

這最初的源，自然來自莫言。

入學剛數月，我就有了採訪莫言的機會，恰巧和諾貝爾文學獎的傳說有關。諾貝爾文學獎評委會的馬悅然，在不少場合演講，都說國內最有希望獲獎的是莫言，這條新聞很有價值，一家刊物希望我採訪一下莫言。我預先就有好感，欣然前往。

那時候莫言的長篇只有《天堂蒜薹之歌》、《酒國》、《豐乳肥臀》。一晃十五年，莫言獲得傳言裡的諾貝爾文學獎，眾望所歸。

也就是說對莫言而言，這個獎遲到了十五年。這十五年，莫言即使不再寫小說，也完全夠資格拿獎。

這十五年的意義，對莫言大不一樣，起碼北京的房價上漲十倍，獎金不增而減，原先可以買一千多平方米的大獎，現在就只能買一百多平方米了。

十五年的意義對我也很不一般。

我寫莫言的文字前後近十萬，讚美、批評均有，讚美的很少有人讀到，批評的卻已天下傳聞，因為那本著名的《與魔鬼下棋——五作家批判書》非我策劃，作為好友，人家向我約稿，要求多說不中聽的意見，少講好話，莫言、賈平凹已經很強大，說好話的太多，他們不需要說好話，任何批評都動搖不了他們在當代文學裡的地位，他們是「皇上」，我們就是來向「皇上」進言。

我覺得有理，未曾多想，就開始傻愣愣地「挑刺」，「片面的深刻」，一揮而就，感性有餘，理性欠缺，更不全面。他被禁的《豐乳肥臀》一直沒買到，看一看，他獲諾貝獎後我才拜讀。扭轉了一些認識。

這書經過一番「包裝」，隆重上市。

我才知道其他的評論家，包成了「偽批評家」，而莫言、賈平凹、王安憶這幾位我最喜愛的中國作家，也包成了「偽作家」，做了我們的「對立面」。

大概不這樣「決絕」，這書很難賣？

拿到樣書後，我搖頭笑笑，抗議說：「如果莫言、賈平凹、王安憶都是偽作家，那國內就沒有真作家了。」策劃人也朝著我笑。我只能表示理解。

自然，這本書的影響力超出了我的想像。

莫言看後，當然不服。

批評一個人比讚揚一個人，看來更受關注？

在我看來，莫言他們的作品恆在，怎麼解讀無損於作品本身，閱讀者仍得去買過來看，才知道自己喜不喜歡。因為各人的喜好不一，別人愛得死去活來，在你眼裡可能什麼都不是。所謂「情人眼裡出西施」。

我確信，莫言是那種值得大家閱讀，進行評價的作家。

既然他早在一九九八年就已是小說「大師」，應該授予諾貝爾文學獎，那麼我們所做的，無論是捧場，還是敲打了雜音，那都是「錦上添花」，會讓他不斷出現在公眾視野裡，贏得越來越多的關注和讀者。

如果毫無關注，那作家才是應該著急的。大概莫言不喜歡熱鬧。

在接受採訪時，他曾幾次談到諾貝爾文學獎，說明了他的態度，不希望它干擾生活與創作。

一涉及到文學獎，話題就非常複雜，尤其是像諾貝爾文學獎在世界上這麼有影響力的獎項。每年到那個時候，媒體都要拿著這個話題做一些文章，實際上跟作家的寫作並沒有多少關係，也有一些批評家在諷刺挖苦中國作家有諾貝爾文學獎焦慮症。這個諷刺不一定是正確的，其實有的時候我們已經忘掉了，是他們沒有忘掉。以前講一個老和尚和一個小和尚過河，老和尚背著一個女人過河，小和尚問師父說為什麼背個女人過河？師父說：「我早已經把她放下，你怎麼還沒放下。」我相信沒有人會反對這個諾貝爾文學獎給中國作家，但是好像也沒有說哪個作家非要努力創作來迎合這個獎，這都是毫無科學說法的，不是說我要努力，刻苦訓練，本來我能跳過兩米，結果練跳過兩米一就得獎了。文學獎有時候正好相反，你卯足勁說寫一本書要獲獎，那也不一定。

你沒有太認真地寫，很隨意、很放鬆地寫，也許寫出一部不錯的作品，個人發奮要得什麼獎，是不可能寫出好小說的，忘掉所有的獎項是所有作家最高的選擇。我們也要承認，諾貝爾文學獎歷史上確實評出很偉大的作家，但是也有很一般的、被遺忘的作家也得了這個獎。得獎有一百多個作家，現在真正被記住的、作品還在流傳的作家到底有多少個？每個讀者可以想一下。不要把這個問題當做一個問題，最好忘掉它。至於大江健三郎先生對我的褒獎，我看成是一個前輩作家對後輩作家的鼓勵，我跟他交往十幾年了，他也到我故鄉去過，我們兩個應該是忘年之交，又是文學同行，主要是我讀了他的小說，他也讀了我的小說，我們各自都在對方的作品當中讀到了自己。讀到了自己很多的生活的經歷和情感經歷，讀到了我們對很多問題可以引為知己的看法，他對我的表揚是我們建立在互相閱讀的基礎上。我個人要保持清醒頭腦，不能說大江健三郎是諾貝爾文學獎獲得者，說他喜歡我的作品就說明我的作品非常好，文學跟別的東西不一樣，文學的選擇性很強，同樣一部小說，張三認為是黃金，李四認為是馬糞，你不能說說是馬糞的人就不對，這都是成立的。所以誰說誰有多了不起，誰說誰多麼差根本沒有必要認真，每個讀者都應該有自己的判斷。評判一個作家最好的辦法不是聽別人說這個作家怎麼樣，而是找這個作家的書讀一兩本，你自己肯定會得出結論，這個到底是好作家還是壞作家。

馬悅然談莫言獲獎

二〇一二年十月二十一日，諾貝爾文學獎終身評委馬悅然先生來到上海，向中國讀者推介二〇一一年諾貝爾文學獎獲得者、瑞典詩人湯瑪斯．特朗斯特羅姆，在記者見面會上談到莫言，說他「喜歡莫言就是因為他非常會講故事。湯瑪斯．特朗斯特羅姆不講故事，他寫詩。他倆有一個相同的地方，湯瑪斯．特朗斯特羅姆六十歲的時候寫了《記憶看見我》，他寫他小時候的活動。莫言也寫了很多關於他小時候的事情。湯瑪斯・特朗斯特羅姆最喜歡去的地方是一個博物館，他二十二歲時到博物館去看動物，他對動物很感興趣。他住在一個海島，那裡的蟲子很多，他就找那些蟲子，給牠們分類。莫言也同樣對自然界非常感興趣，他找的不是蟲子，而是找吃的東西，他分析的是能吃的和不能吃的，因為『大躍進』那幾年他肚子總是很餓。但是他們對自然界的興趣是相同的，這也許是他們唯一相同的地方。」

莫言的缺點在於「真的寫得太長了」，馬悅然坦言，他對莫言並非一見傾心，直到二〇〇四年，時任《上海文學》主編、復旦大學中文系主任陳思和，就莫言作品向他約稿，馬悅然重讀其中短篇才改變看法，認為莫言的作品裡充滿《西遊記》、《聊齋誌異》式的魔幻，雖然他受過福克納和馬奎斯的影響，但講故事的能力主要得益於中國民間文學的薰陶。他那些短的，寫得非常好，對文字的掌握能力很好。並認為「在我翻譯的作品中，我覺得寫得最好的是《透明的紅蘿蔔》，另外一個幽默感非常強的作品叫《三十年前的一次長跑比賽》，還有一些我也喜歡，像《會唱歌的牆》和《姑娘翱翔》。新娘飛起來停留在樹上不肯下來，村莊裡的人圍在樹底下等新娘下來，我很喜歡這本書，這是莫言寫得最像馬奎斯的一篇東西了。」他「對現在一些媒體有些意見。瑞典學院公佈莫言得獎，就有媒體說莫言是一個體制內的作家，是作協副主席，這樣的人怎麼能得獎？但是這些批評莫言的人，他們一本莫言的書都沒有讀過，他們不知道作品的質量是什麼，所以他們不應該『開槍』，這個讓我非常生氣。著作是最重要的，他是體制內作家，這跟他的寫作一點關係都沒有。評選諾貝爾文學獎的唯一標準就是文學品質，對於作者的政治立場，我們一點都不管，文學品質是唯一標準」。「我讀過莫言的很多作品，我也讀過很多當代小說家的作品，但是沒有一個作家比得上莫言，像他那樣敢批評社會黑暗、不公平的現象。我覺得有些批評是非常不公平的。」「每年二月一日之前，推薦者要將被推薦作家的作品寄給瑞典學院，之後諾貝爾文學獎的十五人小組要從這些人（每年大約二百五十個）中選出三、四十人，介紹給瑞典學院的院士們（即評委）。三、四月份，這個名單範圍逐漸縮小，到五月底只剩五個人。瑞典學院每年夏天開始看這五個人的作品。九月中旬開始討論這五個人的作品到底是誰應該得獎，馬上投票，投好幾次，每個人一定要把自己的想法講出來。最後的投票是在十月初，最終決定誰能得獎。……我們每一次爭論都很激烈的，但今年不太激烈，今年評委意見比較一致。」「諾貝爾文學獎不是一個世界冠軍，這個獎只是頒發給一個好的作家。莫言是一個好的作家，世界上好的作家可能有幾千個，但是每年只能頒發給一個。諾獎評選很主觀，選出莫言不代表他就是中國最好的作家。今年我們選的是莫言，明年選另外一個。至於什麼是好的文學？這是非常主觀的。其實我不能說莫言是一個好的作家，我能說的是我認為莫言是一個好的作家。你沒有什麼客觀的根據說A是一個很好的作家，B是一個不好的作家，這是很主觀的。……我不能夠把我所有喜歡的中國文學作品全部翻譯成瑞典文，我需要選擇。我選的不是個別作品，而是一個作家的著作。比如說我非常欣賞聞一多先生的作品，我就把聞一多的詩集翻譯成瑞典文。我喜歡艾青的詩，喜歡沈從文、李銳、曹乃謙、莫言，另外還有很多台灣的詩人。」

馬悅然表示，他和莫言總共見過三次面，第一次是在香港中文大學，期間還發生了一件趣事，讓他至今記憶深刻。「我在中文大學當了一個學期的客座教授，有一天莫言來香港做文化交流，我們談了幾個小時，第二天他回內地了，為什麼呢？因為要分房子，我壓根不知道分房子是什麼，不過後來聽說他也沒分到。第二次是在臺北，他跟張煒、蘇童等九個作家，有一天其他人都出去看熱鬧，莫言不想去，我們兩人在飯店裡喝雞尾酒聊天，他還不小心把酒灑在了我的

莫言（前排左一）與戰友合影

褲子上。二〇〇五年我們又在斯特林堡戲劇節上見過一面。其實我們沒有多少機會見面，但是我們經常通信。許多媒體沒讀過莫言小說瞎質疑，讓我很生氣，這是『知識份子很可怕的懶惰』。」

馬悅然本人也因莫言獲獎受到一些質疑。有媒體稱他用瑞典語翻譯的莫言作品，在莫言獲獎後出版，或有不菲收益，而根據瑞典文學院的規則，與諾獎候選人有相關利益者應迴避諾獎的評選。

馬悅然回應說，在瑞典、在歐洲，也有說馬悅然發財了，因為他可以賣書。事實上他是應瑞典文學院的要求才翻譯莫言作品的，他只對瑞典文學院負責，翻譯出很多作品，文學院付給他稿費，已經得錢，出版社可以白出書，他一塊錢都不拿。

他把莫言的作品翻譯成瑞典語，是打算分成兩部來出版。莫言得獎之前，不能發表，因為一發表就會有人說一定是莫言得獎了。公佈莫言得獎之後他才把稿子寄給出版社，他們覺得太多，就分成兩部分：第一部包括《三十年前的一次長跑》、《翱翔》等；第二部描寫他小時候經歷的故事比較多，比如《賣白菜》等，《賣白菜》是非常動人的一個故事。

談到中國文學是否邊緣化時，馬悅然說：「中國文學一直是世界文學的一部分，而且有的中國作家非常好，有的是世界水準級別，有的還是超過世界水準的作家。莫言可能是中國譯成外文最多的一個作者，所以莫言的那些著作幫助中國文學進一步走向世界文學。」馬悅然還特別指出，瑞典學院以前的常務秘書曾說世界文學就是翻譯，「他說得很對，沒有翻譯就沒有世界文學。」（綜合王法豔、張然、王淳等記者文章）

莫言的世界

莫言，原名管謨業。一九九九年，《北京文學》曾發表《百年諾貝爾文學獎和中國作家的缺席》長文，聲稱國內最有希望得此獎項的作家正是莫言。文章說：「莫言沒有匠氣，甚至沒有文人氣（更沒有學者氣）。他是生命，他是搏動在中國大地上赤裸裸的生命，他的作品全是生命的血氣與蒸氣。……十年前莫言的《透明的紅蘿蔔》和赤熱的《紅高粱》，十年後的《豐乳肥臀》，都是生命的圖騰和野性的呼喚。」

如今莫言的代表作都已被翻譯成英語，有的譯成瑞典文，由於海外教授、翻譯家和其他諾貝爾獎作家的推薦，「莫言應當會逐漸進入瑞典文學院的視野」。

二〇一二年十月，莫言果真圓夢，獲得諾貝爾文學獎，成為國內第一個獲此殊榮的作家。

此前，聽說過莫言的人卻不多，人們更多地知道的是大導演張藝謀，知道他有部電影叫

《紅高粱》，卻未必知道那是根據莫言小說改編的。所以，莫言不是那種紅極一時的「通俗」名人，這名字只會水洇紙一樣慢慢滲透，淌進歷史的長河裡，悄然散發它的輝光。

莫言，一九五五年生於山東高密一個貧苦農戶（上中農）家庭。他能取得今天這樣大的藝術成就，離不開部隊的栽培，「是軍隊培養了我。我的母校解放軍藝術學院也是軍隊的院校。」此言不虛。

「文革」剛開始那陣，莫言十二歲，上中學靠推薦，他沒資格、沒條件，就輟了學，放牛、割草、幹莊稼活，累死累活，連肚皮都揣不飽，掙扎在死亡線上。到工地勞動，人小氣力單，幾天幾夜不合眼，幹著幹著，「乒乓」一聲摔在地上就睡著了。奇怪的是那時候人們雖然餓得半死，卻從不懷疑自己是世上最幸福的人，其他三分之二都還生活在「水深火熱」中，需要他們來拯救。

物質上的痛苦尚能忍受，可怕的是人不能老是活在虛想中，那年月沒有書看，精神上是空的。他就收集了村裡流傳的各類小說，後來就到了無書不看的程度，以至於忘掉放牛和割草。

「文革」中精神上更為沙漠化，他又找來中醫書，連一些口訣都背得滾瓜爛熟。

十七歲那年，通過五叔的關係，他進棉油廠當了三年臨時工。當時白日做夢都是「如何衝出牢籠、離開家鄉」。

出路只有參軍。於是連著報名三年、體檢三年，每一次都是成分不好卡住的。直到一九七六年方才如願以償。

至於入伍動機，各式各樣，有的想脫離農村，有的想升官兒，有的想吃一頓飽飯，也有的想著保家衛國。越是艱苦年代的人，動機越實際。

莫言當兵的目的只為能到部隊吃幾頓飽飯，其時一個響亮的口號叫做「跟地瓜乾兒離婚」，因為到了部隊，吃的是饅頭，不再是地瓜。然而絕大多數離兩年婚回去，又和「地瓜」恢復婚姻關係。所以，莫言入伍的動機中有很低俗的一面，有凡俗的要求，當然，如果有機會建功立業，他也當毫不猶豫為國獻身，畢竟生計第一，人的其他追求都是在吃飽飯以後生長出來的，這是十分正常而自然的事情。

部隊真不愧大熔爐，煉出了渣滓，多數則煉成了鋼。經過一段時間的鍛煉，他們最初的想法、動機完全改變，都統一到「當就當一名好兵」的意識中去了。

二〇世紀七〇年代末中越戰爭時期，他所在的部隊因為沒有戰鬥任務，他就覺到過遺憾，想著與其渾渾噩噩活著，還不如轟轟烈烈死掉，有一個壯烈千秋的機會，那樣即使不能活下來成為英雄，犧牲了還可以改變自家的「中農」成分，為國盡忠和為父母盡孝兩不相誤，何況真正的英雄不一定都能成為英雄，真的豁出去自己肯定是個好兵呢；有一次考大學的機會，終因超齡而中途夭折。

想上前線，主動請纓，沒被允許。走投無路，他搞起創作，想通過這個提幹。這樣的經歷有點像王朔，一次次摔打，被生活無情拋出，最後生生給逼成了作家。

當然他的作家夢由來已久，不全是想提幹逼出來的。

先是他初戀的對象給的——十五歲那年他對石匠家的女兒著迷，一個黃昏鼓起勇氣對她說自己愛她，引來她一陣大笑，說「你真是癩蛤蟆想吃天鵝肉」，又傳話給他，要是他能寫一部像她家收藏的《封神演義》那樣的小說來，她就嫁給他。

再就是對饑餓的感覺，聽信了鄰居的話，以為當作家以後就能每天吃三頓餃子，而且是肥肉餡兒的，咬一口就唧唧往外冒油的，「那是多麼幸福的生活」。

當然，「僅僅有饑餓的體驗，並不一定能成為作家，但饑餓使我成為一個對生命體驗得特別深刻的作家。長期的饑餓使我知道，食物對人是多麼重要。什麼光榮事業理想愛情，都是吃飽肚子之後才有的事情。因為吃，我曾經喪失過自尊；因為吃，我曾經被人像狗一樣地凌辱；因為吃，我才發奮走上了創作之路。」

可是寫作本身並非易事，小說一篇篇寄出，又雪片一樣退回，給他的精神打擊很大，健康也大受影響，「才二十幾歲的人，頭髮就開始大把大把地脫落」。

提幹無望，隨時會復員，他苦惱到極點：發不了文章一輩子就毀了。

一九八一年十月，他的處女作終於問世。然而退稿依舊多，他自己也沒有受到什麼注意，還得拼命挑燈苦幹。

一九八二年夏，他破格提幹，調往北京一家機關任宣傳幹事。可是部隊生活並不如想像裡的那樣，除了站崗不外割草、餵豬、下廚房、出公差，和農民沒什麼區別，不同的是身份，有了這身份就有了入黨、提幹、永遠離開農村的可能。

使莫言徹底改變命運的則是報考解放軍藝術學院文學系，只不過最初並不順利，差一點就錯過去，因為別人五月中旬就拿到准考證開始復習，他卻是六月中旬才聽說報考的消息，並在戰友的鼓勵下決定前往一試的。

後來作家劉毅然回憶起這段往事時說：「一九八四年初夏，我正忙於協助徐懷中老師招考軍藝文學系第一屆學員。忽然有一天房門被輕輕推開了，走進來一位圓臉的軍人，書包一本正經地挎在肩上，滿臉的樸實勁……他那雙不大的眼睛裡閃爍著一種犁在耕地時碰到石頭後驟然爆出的很亮的光，還帶點憂傷，他的額頭豐滿明亮……他沒有掏出官方介紹信和報名表，而是掏出自己發表的兩篇小說，他說他想上學，想做徐懷中老師的學生。我請他把作品留下，莫言並不說在這種場合慷慨激昂信誓旦旦的那些話，他默默地走了……莫言當時扔下的兩篇小說是那麼一大堆考生作品裡最讓我動情的……我當夜把莫言的作品送懷中老師讀了，他也稱好，並說全國小說評獎怎麼沒有發現這篇呢，可惜錯過了時間。莫言被破格錄取了，雖然當時已過報名的截止日期，雖然當時總參謀部報的是另一位同志，我們還是認准了莫言。到現在我也暗暗感到開心和舒坦，假若當時莫言沒有膽大包天的野份兒自個兒打上門來，假若當時我們拘泥於一般的招生的清規戒律，我的一生該少了一份多麼美好的精神財富和友情，至於別的咱就不好說了。」

軍藝在中關村，老師們自己寫小說、散文，和北外、人大、北師大、北大、清華又很近，每一屆除了請這些名校和社科院的教授、學者授課以外，還請許多的知名作家。第一屆傳經的人中就有王蒙、丁玲、劉白羽、張承志、鄧友梅、劉再復等。聽這些人的課，莫言從不缺席，做筆記也挺認真。

如果誰想統計一下一節課的大量資訊轟炸和便利的環境、條件，對一位作家究竟發生過怎樣的影響與作用，恐怕無人能說清。

我只知道莫言至今都虛心向學，不時去《百年孤獨》的中譯者、北大教授趙德明等先生那裡坐坐，聊聊天——就在這聊天氣氛裡，他取到真經，直接獲取國內，尤其是國外文學的最新動態，以彌補自身因外語等不足帶來的交流不便。

軍藝讀書期間，莫言寫出了自己的成名作《透明的紅蘿蔔》，寫出了迄今為止自己最重要、影響也最大的作品中篇小說《紅高粱》。《紅高粱》內容、形式完美統一，文字酣暢淋漓，堪稱經典。被著名導演張藝謀拍成電影，獲得國際大獎，引起世界關注，莫言從此成為一名世界級的作家。

因此，這段時間，應該是他一生中最為光輝燦爛，也最為神奇的時間。

其實他的表現既很普通，又不簡單。

他的同學、小說家黃獻國，在介紹其讀書、寫作的《我的軍藝老同學莫言》中交代：

一九八四年夏末，解放軍藝術學院文學系招收第一屆學員，記得那是八月二十八日，我提前一天，來北京報到了，遇到的第一個同學，就是那個腦殼碩大、兩眼瞇縫的莫言。他先於我到校報到，自然吃飯的時候，我就找到他，問他到哪裡去吃飯、如何買飯票，等等。記得他用一根調羹，輕輕敲打著自己的小飯盆兒說：「你就跟我走吧。」

開學不久，系主任徐懷中就向我們全體學員推薦莫言的報考小說《民間音樂》。會後，已經小有名氣的同學，不住地問：莫言是誰？有人說，就是睜不開眼睛的那一位。莫言的《民間音樂》，是個短篇小說，發表在河北一家不大知名的文學刊物上，徐懷中就是憑著他的慧眼，一眼看好了莫言的創作潛力。全軍只招三十五個學員，能考進軍藝文學系的，可謂鳳毛麟角。

入學後的日子，莫言默默無聞，正如他的名字，上課坐在課堂南邊靠窗的一角；每天晚上，大家睡了，他喜歡搬著一個鐵腿兒小課桌，獨自跑進水房，憑藉一只六十瓦的燈泡照明，寫出了他入學以後的第一個中篇小說《透明的紅蘿蔔》。作品一發表，就驚動了文壇，一些大批評家驚呼：軍藝出了一個怪才，頭髮絲掉到地上，他能聽到聲音？（小說裡的一個情節）怪哉！此人竟是徐懷中的弟子。

記得，在作協召開的作品討論會上，有大評論家，批評了莫言的作品，莫言只是傾聽，決不反駁，徐懷中對此極為欣喜，他說，作家重要的是找到自己，不去重複別人，也要學會傾聽別人的批評。

莫言回來，還是一副永遠沒有睡醒的樣子。我記得最深刻的，就是他跑到學院附近的科普出版社，買回兩本科普讀物，類似於氣象、昆蟲之類的書籍，躺在床上，癡迷地看來看去。不久，就寫出了《球狀閃電》、《白狗秋千架》、《紅高粱》、《金髮嬰兒》等一系列中篇小說，後來，這一系列小說被統稱為《紅高粱家族》。莫言迅速走紅中國文壇，成為八〇年代最紅的青年作家。隨後，就有大批文學青年模仿莫言，很有點像今天的「粉絲」們，模仿走紅的流行歌手。即使是莫言大紅大紫的那些日子，莫言依舊是莫言，決不輕狂也決不自大。無論怎樣的讚譽，莫言都不為所動，還是以他那一副睡不醒的小眼睛，死盯住這個莫名的世界。

我們從軍藝文學系畢業，我留在系裡任教，自然同學們走了，宿舍裡留下我一個人，又正好有莫言做伴——他為了利用等待分配工作的時間，住在學院討個安靜，繼續爬格子。我就有幸做了一回「莫言老師」。那是一個中午時分，我的房門被輕輕敲響，我開了門，見是一個彬彬有禮的「小平頭」，他一進門便很恭敬地說：「莫言老師，你好！我是張藝謀。」我忽然想起這些日子，外界相傳張藝謀要拍莫言的《紅高粱》。我便立馬引領張藝謀去見了隔壁的莫言——此後，電影《紅高粱》走出國門，獲了國際大獎，也引來許多「熱議」與批評。

走出校門，回到軍營，就不那麼從容了。

在他人看來，他甚至顯得作風有點稀拉，給人的印象和感覺不怎麼好，那都是由於工作上的關係，不在於思想上有什麼格格不入的地方——他自覺在思想上要比許多人高尚，「許多人的覺悟沒有我高，我比現在許多的現役軍官要好得多。」

這影響到了他的心態，覺得在部隊自己不算是真正合格的軍人，自慚形穢，為了「純潔」隊伍，最後他決定離開部隊。

他對我說：「我至今都寫不出《英雄兒女》那樣的小說，寫不出李存葆那樣的作品，寫不出這類文章的其實都應該『下崗』。我想寫這類小說，但就是寫不出，心裡虛得慌，覺得在軍隊白穿白拿了。軍隊養著作家、創作員的目的不就是為了鼓舞士氣，讓戰士們聽見衝鋒號吹響腦子就發熱，鮮血澎湃，就想英勇頑強地衝鋒陷陣嗎？這是他們最重要的任務。從發展的眼光看，戰士們應該讀透《戰爭與和平》、《靜靜的頓河》，成為更高層次的男人、軍人，成為具備高貴氣質的人。眼下部隊的一些領導卻不希望每位戰士把它們當做人生經典，他們最需要小品和話劇。目前的小品卻是把軍人愚蠢化、漫畫化的東西，所有的小品裡都有幾個二杆子，帶一個農村姑娘，這都是模式化的。軍隊的話劇裡也都有這號二杆子，那全是從《霓虹燈下的哨兵》剝下來的。他們認為戰士不需要什麼文化，做不了文化人，實際上不是。他們對戰士並不瞭解。如果我是高層領導，那麼我也會寫這些，也需要它們。我覺得軍隊搞文藝的應該多和戰士滾在一起，哪怕在後面打掩護，那樣才能和火熱的生活貼近。我想寫文學作品，想描寫複雜、廣博的心靈世界，寫不了模式化的小品、戲劇，所以就離開部隊。實際上大多數部隊作家都是在完成任務，寫一些模式化的東西的同時，再搞點有價值的東西。因此，我的要求轉業是一樁高尚的行為，是有覺悟的公民行為。離開部隊時我已經是師職，完全可以混到離休，但是為了維護軍隊的光榮形象，我還是走了。我認為像我這種情況的都應該早點走。能打能唱的才是真正合格的軍人，其他的都應該轉業。」

這就牽帶出一個問題——部隊是高度集中統一的集團，當了兵就意味著進入一個特殊的團體，做百姓的底線是守法，做軍人除了守法以外還得守紀，多了一重約束，它本身就是為打仗而存在的，有的人說它是為和平而存在，但那也是以戰爭手段作為保證的。而且老百姓就那樣看你，他們認為你和他就是不一樣，就應該受約束。

軍隊的一切目的比地方強得多，進來了就要遵守這個團體的遊戲規則，否則就出局。只有離開軍隊莫言才漸漸理解了它的許多不合人性的規定。

一九九七年，莫言轉業到地方。回頭來想想自己選擇的當兵，他至今無悔，說一輩子只有有了當兵的歷史，後半生才能勇敢地面對一切，這都是部隊的紀律教育發揮的作用，即使作風拖拉的，到地方也和別人不一樣。起碼他是見義勇為的，能夠吃苦耐勞，不計較個人得失小利的。

對他來說，部隊是消滅小市民氣和農民意識最好的地方。

儘管現在已離開，夢裡還常常想念軍隊。在軍隊時沒有創作的衝動，到地方後卻有了，不時以一個旁觀者的身份審視自己二十二年來的軍旅人生，反思軍隊長期以來的那些戰爭作品，對軍隊、軍人有了更為完全意義上的認識。

其實這麼多想法都是因了莫言感到對部隊還欠下許多感情債的緣故，轉業了沒覺輕鬆。二〇〇〇年他得了馮牧文學獎，是作為部隊獎給的，占了軍旅作家的指標。欠下的債都該還。

沉澱一段，作為老百姓，以老百姓的身份命筆也許能寫好軍旅題材，離得太近對他恐怕就比較困難。

當然，具體寫哪一時期的軍隊生活並不重要，重要的是要區別於當下那些人所寫的小說。也許寫不到大戰役，不搞那些表面性的史實堆積，但是肯定要寫內心裡的真傢伙。他打算把軍隊放在歷史長河裡看，當它是一種悲劇性存在，它的存在本身就是人性醜惡的集中體現，反映了人類的貪婪、狡詐、自私和掠奪性。有生之年他會表現這樣一個主題，寫戰鬥、寫軍隊，寫出帶一點寓言和象徵意味的東西，從根上寫，寫出自己對於軍隊的遺憾和認識。

轉業後，莫言文化上的交流更多了，讀了不少書，結交了許多朋友，對地方生活有了更加深刻的瞭解，創作也進入一個豐收期。從量上看，比他在部隊時多多了，這和他的精神狀態有關——在部隊老想著讓首長滿意，老寫不出、老要愧疚，首長不滿意多了，整個人的精神就給壓垮了，自認是「壞人」，心裡緊張，一緊張情緒全泡湯，怎麼都寫不好，懷疑自己是不是缺乏創作上的天賦，在這種收縮、不能發放的狀態下，是很難寫出像樣的東西的。

到地方以後，整個兒顛倒，人人都說莫言是位好同志，覺悟很高，處處受到尊敬和禮遇，由是精神狀態徹底改變，創作精力隨之充沛。

一九九七年之後的四年，就已完成五十多萬字的創作。七、八個中篇，十來個短篇以及電視劇《紅樹林》，後來又將它改寫為同名長篇。

評論家認為，《紅樹林》是莫言長篇小說裡排名最後的作品，其次是《四十一炮》。《紅樹林》完全是應景之作。足見作家創作是那種極其嚴肅、認真，不得敷衍、馬虎的事。

他藝術性上多受爭議的長篇小說是三十六萬字的《檀香刑》，二〇〇一年三月由作家出版社出版。這本書後來在評比茅盾文學獎第二輪中曾經排名第一，終評卻未能獲得名次。落選的原因似乎不是因為他寫得不好。

《檀香刑》寫的是一九〇〇年德國人與我國老百姓之間的鬥爭。班主以戲劇的方式和他們較量，後來導致戰爭，源於一段真實的歷史，背景無假，其他多是虛構的，在可讀性、民間語言上有新意。

主要目的是想寫民間文化和對於它的認識，表現一種文體上的對抗，與中產者典雅的語言對抗，真正回到民間去。儘管他為之付出了努力，但還是有所保留，與《紅高粱》、《十三步》等小說的語言不一樣。

此外就是想回歸小說本義，具備一定的可讀性，故事是驚心的、纏綿的，能讓人讀得下去的，改變了當代優秀的作品都沒有多少可讀性的慣例。

這部長篇小說的結構也一直是他努力的方向。

過去他覺得長篇小說不過是故事的拉長。《紅高粱》就是一篇一篇中篇地推演下來的。自《天堂蒜薹之歌》開始才真正正視了長篇小說的結構。

後來的《十三步》、《酒國》、《豐乳肥臀》、《生死疲勞》，每一部結構都很不一樣。

《檀香刑》則採取「民間化」的形式，由鳳頭、豬肚、豹尾三部構成。頭尾連貫，寫進真實的史料。

這部小說動筆於一九九六年。

故事相對好講，拖了這麼多年是因為結構沒搞清，一直沒找到，放過一段，二〇〇〇年才想清楚，解決了難題，其他就十分容易，寫起來勢如破竹，很快就完成了。

客觀來說，《檀香刑》也有遺憾，其歷史文化背景不很著實，主要人物的心理有脫真之嫌，文字也欠打磨。

莫言還寫過話劇《霸王別姬》，這不是受誰影響，他從未想寫話劇，而是朋友王樹增好意相請。

那時正值轉業前夕，他沒有什麼事可做，大的東西寫不了，覺得寫話劇也是一種鍛煉，就寫了。丟下四年，本來這事已忘，後來拿出去排，居然很走紅，這激發了他的創作熱情，想弄個「作家話劇三部曲」。

話劇鍛煉人的地方主要在對話上，和他在小說上的努力一致：回歸民間與傳統。因為我國古典小說人物對話多、動作多，沒有什麼心理描寫，但卻達到了西人心理小說的效果，一句話就可以刻畫出人物的性格，見出人物心理，比西人更含蓄。

這是基本功，西方作家還做不到，只有中國作家有這種能力和傳統，練達人情，透視生活世事。

不過，現在的中國作家多數寫不好對話——寫不好對話不等於寫不好小說，可以用敘述替代。

話劇則有助於提高人物對話上的描寫藝術，它講究故事的結構性，能在有限的時間、空間內讓故事顯得有張力，逸出舞臺，讓人感覺在有限的空間內舞臺在無限地擴張、膨脹。因此它的空間、結構、時間意識對小說創作很有幫助。

另外它是對商品化傾向的抵觸，不像寫電視劇，雖然稱不上十年磨一戲，起碼一年磨一戲決不誇張，而電視劇一年就可以寫個三十集。

話劇值得作家去精心製作，沒進入話劇前他們都不知道存在那樣大的觀眾群，市場那麼大，北京、上海的戲迷尤多。他要爭取多寫話劇。

計畫內還要寫幾部長篇，卻不知道誰先誰後，需要激發與等待。

莫言作品《生死疲勞》

二〇〇五年他寫出《生死疲勞》。書名來自佛經裡的「生死疲勞由貪欲起，少欲無為，身心自在」。莫言在參觀途中看到這句話，一下子被擊中。

佛教認為人生的最高境界是成佛，只有成佛才能擺脫叫人痛苦的六道輪回，人因為有貪欲而很難和命運抗爭。

這部小說多受詬病，是因為莫言說他只用了四十三天就寫完了。《生死疲勞》全長五十五萬字，八月份寫，最多的時候一天寫一萬六千五百字，平均一天只睡三小時。

二〇〇九年德國漢學家、波恩大學教授顧彬（Wolfgang Kubin）在接受德國之聲記者採訪時，指責中國當代文學水準低下，不夠資格歸入世界文學，就以莫言的寫作態度說話，認為最近二十年來「中國作家自己背叛了文學，他們為了賺錢而下海之後，放棄了創作」，「中國當代的一些作家，特別是小說家，他們的語言水準都太低了」，「他們沒有什麼思想，語言水準也太低了。另外他們寫作都是匆匆忙忙，莫言的《生死疲勞》是四十多天之內寫完的，另外一部作品是九十天寫完的❶，一個德國作家一年才能寫出一百頁來，莫言能在兩三個月之內寫八百頁出來，從德國的角度看，他很有問題。」

二〇一〇年三月在香港鳳凰衛視的《鏘鏘三人行》中做節目時，主持人竇文濤邀請顧彬，談到莫言，顧彬仍批評莫言的方法「落後」，只會講故事，小說還是十九世紀的寫法。當竇文濤問顧彬「一個德國的好作家一天只會寫一頁，而莫言只用了四十三天就寫出了《生死疲勞》，這說明什麼問題」時，顧彬極其認真地說：「他沒辦法修改。」

復旦大學教授陳思和先生覺得「顧彬先生批評莫言寫得太快，是有道理的，寫得太快難免粗疏」。

莫言辯護說，這本書的創作是基於現實生活，構思比較成熟。「我六、七歲的時候，在我們學校旁邊就有這樣一個農民，他以個人的力量與公社化這個農民運動相對抗，一直堅持到最

❶可能是《豐乳肥臀》。

後。歷史證明了他是正確的。這樣一個人在當時的社會情況下卻顯得非常極端和另類，被很多人打罵，他為了堅持自己的觀點做出了巨大的犧牲，甚至跟自己的兒子、女兒都分道揚鑣，但他依然沒有屈服。我走上文學道路之後，覺得這個人物遲早會進入我的小說，所以這本小說寫得非常快。」寫作時，「我丟掉了電腦，重新拿起軟毛筆，創作的激情從筆下洶湧而出」。

當然，寫得快而長，莫言自己也曾不安，害怕一時的疏忽給文本帶來瑕疵。

《生死疲勞》寫的是一九五〇年到二〇〇〇年中國農村五十年的歷史。敘述者是土地改革時被槍斃的地主西門鬧，他認為自己雖有財富，並無罪惡，在陰間裡為自己喊冤，經歷六道輪回，一世為驢、一世為牛、一世為豬……每次轉世都不離開他的家族、土地。用一個固定的眼睛來觀察、體味中國農村的歷史變幻。

這樣的結構充滿雄心，而以五個動物的口吻來敘事，也確實很別致。形式上幾乎無可挑剔。

二〇〇八年，漢學家史景遷（Jonathan Spence）說，這部作品「幾乎涵蓋了中國在文化大革命期間的所有經歷」，幾乎可以算是那個時代的紀實小說。瑞典文學院在莫言獲得諾貝爾文學獎的頒獎詞中也稱，莫言的許多作品「曾經被判定具有顛覆性，因為它們尖銳地批評了當代中國社會」。

《生死疲勞》最具創造性的地方，我覺得是它的視角：一個人在一地一家世間輪回，眼中見聞跨度為半個世紀。

但是外部世界的展覽如何折射在他的內心，這樣的內心世界能否貫穿、層層深化地加以揭示，如何和外部世界融合一體，是大費周章的。小說似乎忽視了這一點。

二〇〇九年莫言出版長篇小說《蛙》，二〇一一年《蛙》獲得第八屆茅盾文學獎。這是莫言「醞釀十多年、筆耕四載、三易其稿、潛心創作的第十一部長篇小說」。

書名有多種含義，指的是娃娃的「娃」、「女媧」的「媧」，「蛙」在民間還是一種生殖崇拜的圖騰，象徵低賤平常、多子多育、繁衍不息。

小說裡的「姑姑」解釋說：「為什麼『蛙』與『娃』同音？為什麼嬰兒剛出母腹時哭聲與蛙的叫聲十分相似？為什麼我們東北鄉的泥娃娃塑像中，有許多懷抱著一隻蛙？為什麼人類的始祖叫女媧？『媧』與『蛙』同音，這說明人類的始祖是一隻大母蛙，這說明人類就是由蛙進化而來，那種人由猿進化而來的說法是完全錯誤的……」

他過去對話劇的嘗試，在這部作品裡也有體現。小

莫言作品《蛙》

說由劇作家蝌蚪寫給日本作家杉谷義人的五封信構成，以書信、元小說敘事和話劇相融的形式，塑造了鄉村女醫生姑姑——一個有著五十多年婦產經歷的醫生形象。前四封信寫姑姑，當中加入蝌蚪本人的生活故事；第五封信是一部關於姑姑和蝌蚪自己的話劇。

這部小說同樣以形式新穎取勝。畢竟寫信的方式有局限，不同於齊威格，他寫不進人物的深層心理和情感層面，人物形象不夠生動。小說文字上也不夠精煉。

莫言告訴我他上網只是流覽流覽，對於涉及電子類的東西曾經心懷恐懼，總認為它們高深無比，在別人的鼓動下這才進去，至今仍主要用於收發信件。而所謂網路文學，它和網下作品相比不過是更為隨意和大膽，能夠胡說八道了——胡說八道誰不會？

假如說小說語言是純文學的話，那麼網上語言多半則是大眾化的泡沫語言，產生快、消失也快，人們不能愛它到底。雖說網語也有幽默、調侃的效果，可是不會長期存在，今天出現明天就可能被更換。所以，網上的寫作環境不同尋常，使漢語出現了新的變化。這有它自身的原因：人在網上需要交話費，相應地就有了一種簡單、迅速、快捷的語言，有了一些代詞和專業化的網名、暗語，和網下語言不一樣。

讀過幾本網路小說後，莫言發現那裡面的語速都很快，十八至十九世紀的語言速度很慢，和那個時代的節奏吻合，網路小說卻一往直前，奔向主題。現在看它對漢語的豐富、發展到底有多大作用，還說不好，我們不要過高估計。可是它對我們的存在方式、思維意識的發展，肯定會產生深遠的影響。那些具有潛在文學天分、沒有發表機會的人現在容易冒出來了。許多人都是先在網上成名，然後殺回來以傳統方式出版著作的，網路使全民參與成為可能。網路可以使每一位成為作家，莫言認為它是一種「共產主義因素」。

有人曾經設計過這樣的未來，即一個人不可能一生只從事一種職業。網路使之成為可能。如果說科技是生產力的話，那麼網路更是生產力，互聯網對全世界的政治體制必會產生深遠的影響，哪一天共產主義能夠實現的話，相信網路會起很大的作用。在那裡，任何專制形式的閉鎖，資本主義形式的偏見、歧視都不再存在，人們可以自由地接受和發表，沒有人能夠強迫誰。

因此，網路打破了限制，讓人得到自由的發展。這是歷史上一切制度下的國家都做不到的，真正實現了資訊資源的共用，是非常偉大的事件。

二十一世紀不愧是網路的時代。

至於電子商務來錢不來錢並不重要，網路具有政治、社會學上的意義，發揮了任何一種科技無法發揮的作用。

除了利用網路進行交流等等以外，現在出國也容易了，莫言經常走出去看看——如果有機會，人們都應該走出去看看，它的確能夠開闊作家的視野，這是網路等媒體無法替代的。

二〇〇一年初，莫言在美國幾所大學講學時，曾談起自己和美國作家福克納的交情，說福氏的約克納帕塔法縣始終是一個縣，而自己的高密東北鄉早已變成一座現代化的都市，世界各地發生的事他都敢把它改頭換面地放到這裡，他是它的國王，可以移山搬海，呼風喚雨，因此，它不再是福氏筆下那樣純粹的地理概念，不再是封閉的，而是文化的、開放的，成為中國的縮影。這樣的「盜竊」、「舞弊」行為，只能用「後起的強盜更膽大」來形容。

當然，莫言曾經許多次提到蘇聯作家肖洛霍夫和他的長篇《靜靜的頓河》。這部偉大的作品，寫了十四年，從一九二六年開始直至一九四〇年，出版後被稱為「令人驚奇的佳作」，「蘇聯文學還沒有遇到同它相比的小說」。一九六五年肖洛霍夫因此獲得諾貝爾文學獎。

我許多尊敬的老師，比如小說家鄭義、作家岳建一等，都當它是古往今來最優秀的長篇小說。莫言十分熟悉它，常常在文章裡引用。這是莫言的又一個「根」。

張志忠在談起莫言藝術風格的獨特性時說過，他是唯一一位徹頭徹尾的農民作家。其他人要麼像知青們那樣，以高高在上的旁觀人身份看農民寫農民，難免歪曲；要麼像沈從文、賈平凹一樣，雖說也在農村長大，但十幾年時間主要在學校度過，已經沒有了土生土長的味兒，而是鄉村中的文化人，對農民農村都熟悉，難免詩意化，更多的以遊子還鄉的欣悅之情對待，用觀察的眼光自外部看鄉村生活，而不能像莫言那樣自小就有了當農民的切身體驗，以一顆真正的農民心去感知到農民的大苦大痛、大歡大愛。

所以，使莫言成功的是他「獨特的生活經歷和讀書自修，敏感而內向、耽於幻想的氣質，超越自卑、出人頭地的心理動力，反叛性地對待以父親和老師為代表的權威，以及褻瀆權威所增強的個人自信，直面活鮮鮮的也是沾滿污穢塵垢的生活的人生態度，古齊文化、鄉土文化的薰陶和現代文化的啟蒙，以及那不可或缺的軍藝文學系的深造」，還有他的不刻意去模仿外國作家的敘事方式和他們講述的故事，而是深入地研究他們作品的內涵，理解他們觀察生活的方式，對人生、世界的看法，「盜」而化之，為我血液。

凡此種種，推動了莫言的文學之舟揚帆遠行。

君子贈人以言

張愛玲在臺灣是祖奶奶輩的人物，文學地位相當高，愈到晚年愈拒絕見人露面，住在美國曼哈頓，孤守獨處，不與外交道，死得很慘，幾天後才有人發現，身世謎一樣令人難解。她不過和作家白先勇吃過一頓飯，就引人自豪，白先勇一次再次寫文章回憶她。

「人以文名」、「文以人名」，雖則不同，底子上都取決於文章要出色，成了大師，才能流傳久遠。

有點小差別：前者以自己為大師，後者本身不足立世，托前者福，文章成為別人研究大師時的資料，而得留存。

因此，圍繞大師轉一輩子、「吃」一輩子而能顯臉的大有人在。什麼紅學家啦、金學家啦、老舍專家啦、莎士比亞專家啦……全是這號的。

但怎麼個吃法、許不許你吃、什麼時間吃，那也有竅門講究，要懂得火候、循序漸進。

我開始不懂，初生牛犢，出道偏早，和不少的名家或者「準大師」打交道，一起開會、吃飯、睡覺，一般學生機會難及。有時不免說漏嘴，把他們的一些想法、看法和人說說，包括對另一些名人說。這種談話、回憶的過程，也是在總結、消化，碰撞靈感、火花，交流便有了意義。不想事情出來了，說我不踏實的有了，說我一口一個名人的有了，說我借名人出名的有了。我只得更謙虛，越來越少講話。再和哪個人見面時，也是悄悄的，把記憶都爛在心裡。

這樣當然很不好，是在進行自我封閉，但暫時需保護自己。

類似的感慨是一次我去三聯書店，開「三聯．哈佛燕京叢書」的學術交流會。季羨林、陳平原、葛兆光、趙一凡等北大、清華、社科院的教授、研究員都在。

先發言的是美籍華人學者杜維明先生。他是哈佛大學教授，一上來就批評開了北京大學的老師，說他不少朋友在北大教書，住得很近，有的是同一系的，卻相互不認識，更不往來，他詢問他人近況，彼此都答不上，交流何等之少！

他感慨：這怎麼能做好學問呢？過去的胡適等人，家裡定期開沙龍，不同科系之間，甚至文理科之間都有往來，相互能帶來資訊與碰撞，研究課題很大氣。

杜先生可能不明國情，大陸的教授房子不夠住，薪水好可憐，哪有條件開什麼沙龍！研究點東西已不簡單，再關了門造車，感覺「天下第一」，那也難免。

可見得現在所謂「名家」，多半是莫名其妙成名的。值得年輕人「借」他、「吃」他的有幾人？

理歸理，在自己未成名家前，我和名家的交往、交流，某些人看著，就是不舒服，誣賴我「借光」，坐不住，不用心念書。

學習上其實我是最用功的一個，沒想到卻得了相反的印象。幸而我淡泊，更不至於輕薄到要去借某人出名。

但誣陷別人很少有不成功的。我內心無鬼，不喜巴結名人，和名人見面都是由於不得不見，都有見面的理由，不然平時很忙，哪有機會和藉口見面？

有一天趕著想拜訪莫言，是主編定下採訪任務，我還是學生，在一家雜誌社實習，並準備留下，需好好表現。雜誌做的是電影電視，恰這時，莫言的長篇《檀香刑》出來，據說被臺灣還是香港的某導演看中，想拍成電視還是電影，後來才知道那是謠言，主編覺得有東西可做，莫言比較的全能，小說也被改拍過電影、電視，從什麼角度都可以做。

我就與莫言聯繫。他同意，約定時間，我去了他家。坐定後，他語重心長地說：「你是研究生，不是大專、本科什麼的，採訪這類事不該你做，有時間你該好好研究點東西。」

我何其不想做自己想做的？忙說：「採訪你已經很不錯了，為了分配，讓用人單位接受，再沒必要採訪的人，我也得去。」

他一下子全明白了，再未說什麼。臨別又送我《檀香刑》和上海文藝社一套三本的「莫言小說精短系列」。

我把這次採訪的內容很快寫成文章，網上發給他看，他稍作修改，附了短函，傳回來，說：有些內容談話中可以聊，發表出來我怕你們領導看見後不高興，就做了個別改動。而後，他又關照我留心身邊人的讒言。

我大大咧咧，不重小節，吃過不知多少的明虧、暗虧，總也改不了，毛病放大，就成了他人攻擊的靶子。這是性格、習慣，也是一個人的命運，別人如何，隨他去吧。

第一次採訪莫言，則為還一個人情，是在剛來北京讀書之時。

念本科期間，我曾被《大學生》雜誌推舉為第一位新面孔和特約撰稿人，他們為我開專欄，大力推出，這份情誼我感念不已。

主編得知我考來莫言的母校讀書後，大喜，電話裡找我，說瑞典漢學家馬悅然，兩次在上海談到國內最有希望得諾貝爾獎的作家是莫言，你給我採訪採訪，爭取下期就發出來，版面我留著。

「消息確鑿嗎？」我問。她說：「確鑿！多少地方都報導了，我們這邊也有記者親耳聽見。」

我對這些看得很淡，覺得莫言做出成績，是他的事，作品、作家不是靠抬就能抬出來的，讓他們自然流傳最好，至少我不必跟著起哄。

但我不便說出，心裡雖不願，卻知道義不容辭，說你等我電話吧，我先聯繫一下，看他什麼時間方便。就從導師那裡要來莫言的電話，晚上打過去，他正在，說很忙，手上正寫《紅樹林》，出版社等著要。怎麼也得明年年頭上才有空。

我算算，感到他確實沒時間，這麼多文字，一、二十天寫出來，我不添亂也罷。就給主編掛電話，說明情況，請她別留什麼版面了。主編通融，說任務交給你了，什麼時候做出來都可以。

我鬆一口氣。但知道艱巨，不完成無法交卸，而什麼時候能完成，完成得怎樣，我一點無把握，這要看莫言何時方便、願不願意接受訪談、能不能放開來談、談到什麼程度。

有備無患，我做起準備，把導師的《莫言論》從圖書館借來，然後看他的文集，做案頭工作，主要是尋一些值得提的問題，同時心裡還計畫將來可以拿他做學位論文，接著寫個「莫言新論」什麼的，一舉幾得。

最終我沒有單做他一人，而是把他與其他幾十個放在一起比較，談戰爭小說中死亡主題的美學問題。認為中國戰爭小說的死亡主題普遍存在著一些難以克服的問題，表現並不深刻細膩，思想形式單一，想像力不夠，矯情者很多，到莫言的中篇小說《紅高粱》、《戰友重逢》時，才有了一個高峰，達到一個很高的水準。

尤其是後者，人們對它文體上的「開拓性」都未關注，事實上它將凡世凡人與鬼界鬼事打通，生前後世，時空交叉，迭現了人物及其親人的不幸命運，形式上直承並發展了《聊齋》所說的「鬼故事」傳統，極富想像力、啟示性。

但就是這樣個題目，很不好做，說深了要避嫌，說淺了通不過，所以自開題到答辯，爭議都很大，導師和領導們沒有一個不忌諱的，希望我放棄，我卻認准了，一條道兒走到「黑」，覺得該說的說，不該說的就收著。

可即便很小心，也還是沒有避免遭受不大不小的打擊。

而莫言託人郵來的《莫言研究資料》，我後來才用到。這是後話。

人的運氣來了擋都擋不住。我這人「大運」沒有，「小運」也還是不少的。無須我再邀，十來天後，我和莫言不期而遇，是在友人的新書見面會上。

我連忙隨他到最裡間坐下，直接談起來，聊得很多。晚上卻未一起用飯，他提前走了，大概回去鑽他的「紅樹林」了。據這次談話，我寫了文章。主編看過後，笑我做作家可，做記者難，寫文章可，採訪人不行，很不會提問，行文裡分不清哪是莫言說的，哪是我說的。

我始終認為，那種一問一答的訪談模式，乾乾巴巴，只有別人，沒有自己，無意思，恐怕背後都在於作者能力不足，不能和受訪人平等對話之故。我確實是那種不適於被動採訪人的人，更不以採訪了什麼名流而如何。所以，我要的就是「分不清」，感覺文章裡有多個聲音，蠻熱鬧的，否則可以請其他人採訪。

發表後莫言告訴我，奇怪，怎麼連劉紹銘都看到了。

其實原稿刊物只用了前半部分，改動卻大，文字不時斷氣似的，很不流暢，便轉投另一家全文發表。

只是聽莫言說時，我很是吃驚，心道：身在海外的華人教授，像劉紹銘這樣的，「盯」住一人做研究的工夫太厲害了，視野還如此開闊，溝通又這麼及時，遠不是我們這邊的各自為政，劃圈子拉幫派。

真實的莫言

「邂逅」莫言是在一家讀書俱樂部的筆會上。那是一個很曲折、很幽暗、很「秘密」的地下室，我們會面猶如地下黨碰頭。

他穿著皮衣，臉盤很開，肉嘟嘟地圓上去。兩把刷子一樣的飛眉在雙眼上扇動，燈光灰蒙，他在屋子裡站住，我忙迎上去，和他一起坐到最裡側的椅子裡，交談起來。

起先想聊聊那部出名的長篇《豐乳肥臀》。他不肯說，可能害怕誤人子弟。後來還是憋不住，一下子傾瀉而出：我是個半文盲，識了幾個漢字以後就寫起了小說。如果還在「文革」時期，我的《豐乳肥臀》是出不來的。我寫了《豐乳肥臀》，人生沒受什麼衝擊。有人把「下流」這個詞當貶義詞用，覺得它骯髒、污穢，我感到它是個好詞。《豐乳肥臀》就是下流的小說，它帶給人快樂。所有大河也都是下流的，我沒有看見上流。黃河下流入大海，多麼壯觀，多麼浩蕩！所以，下流的就是美好的，下流的小說就是美好的小說。我的所有小說也都是下流的。自以為不「下流」的，他就和過去的「五講四美三熱愛」沾邊了。我們要坦率，要唾棄不正常的教育、虛偽的說教、違心的檢討、不真實的文章，要敢於正視很多大家都在做而不願說的事。不下流就寫不出好文章。因此，自己要求得到的東西，越是年輕人越要理直氣壯地追求。

這番言論初看起來有點驚世駭俗，其實暗合哲理，出語機智，抓住了人性和創作的根本。他覺得只有創作自由、不受任何干涉，才能寫出一流精品。筆下想流，腦裡條條框框太多，阻止「下流」，寫起來磕磕絆絆，就做不出好文章。破除心障、自我禁錮與外在障礙，是作文者最起碼的覺悟。此其一。

其二，小說無所謂下流不下流，既然性是成人生活中最基礎、最正常、最合理的部分，那麼就應該允許性描寫。而兩性間的和諧交流，更是保證人性健康發展的自然要求，我們不能歧視它，對它抱偏頗之見，一旦歧視，當它是「黃色」、「骯髒」，就違背了自然人性，

莫言作品《豐乳肥臀》

扭曲而病態。

這表現了莫言做人的真實。

從創作動機看，他透露，一開始寫小說不過是想改變環境，不回農村，做一輩子農民。之後長進了，才懂得去追求盡善盡美，不受其他目的的騷擾。

不過，人總在社會中生活，名聲也是一種累贅，成名以後，各種「稿債」和活動劇增，作家能不能耐住寂寞，不為「世俗」所動呢？

我看不能。他介紹說當時手頭正寫的二十三萬字左右的《紅樹林》，還有七、八萬字，得趕在月底前完成；不到一個月，他得快寫，出版社等著要──這樣飛快地「生產」，會不會只做成一些火候未到的狂想曲呢？悠一點也許能寫出高品質的作品，對他這樣的小說天才來說，我們的期待是，與其拿五部二流的東西，不如用心做一部一流的作品，否則浪費才氣。

當然他肯定明白個中道理，只不過心有餘力不足，其原因，我認為和他的經歷有關。

受「貧窮」、「文革」等外力因素影響，莫言自十歲起即被剝奪受教育的權利，未受多少教條、框框、規範的約束，稜角突出，思維別致，心靈開放。長期枯燥、單調的農村生活，既使他對農民的現實處境、心理感情深有體驗，也使他耽於幻想，鍛煉出發達的想像力，以幻世之美替代現世之苦難不幸，譜出了想像之世的輝煌樂章。但這也削弱了小說的文化底蘊與理性透射力的淬煉，創作中「感覺」爆炸，天花曼舞，飄飄舉舉，上上下下，雖汪洋恣肆，卻又成患成災，無所指歸。

這也正是某些評論家所說的，莫言和世界文學大師的差距就在於小說中缺少統貫全篇的哲意、思想、形而上提升，當他感性地敘寫時，光芒四射、豪氣干雲，一旦拔上「理」的高度時，就華光盡去，顯見蒼白了。

莫言卻有自己的看法，認為理論家有自己的體系，怎麼評無所謂，寫小說有無「思想」卻關係不大。《百年孤獨》不也寫得很感性嗎，你能說它沒有思想？《戰爭與和平》前面講故事，後面談思想，前面寫得好，還是後面？

也許莫言誤會了我的意思。小說當然不能像托爾斯泰那樣流於說教，其中散亂的感性描寫要斂放自如、恰到好處。如果沒有分寸地一味宣洩，缺少思的厚度，那往往只是一堆發光的碎玻璃片。但是當著他的面我不能亂說，畢竟他是我的師長。

我只能說，我不很喜歡《透明的紅蘿蔔》，時代感很強，太苦了，小鐵匠妒忌菊子姑娘愛上了小石匠，兩個男人打架時，獨眼睛小鐵匠誤傷菊子姑娘，拋灑地上的碎石片兒，菊子姑娘慘叫一聲，小鐵匠「朦朧地看到菊子姑娘的右眼裡插著一塊白色的石片，好像眼裡長出一朵銀耳」。菊子姑娘心地善良，受到反向的「報應」，如此結局讓人心揪。但是它的描寫太好了，比如寫黑孩在麻地裡躲避尋找他的菊子姑娘、小石匠，那兩個找來找去找不到，他們真以為他不在這裡，情不自禁，偷情「野合」，用了就在旁邊的黑孩的眼睛、感知來描寫：

聲音越來越低，像兩隻魚兒在水面上吐水泡。黑孩身上像有細小的電流通過，他有點緊張，雙膝跪著，扭動著耳朵，調整著視線，目光終於通過了無數障礙，看到了他的朋友被麻稈分割得影影綽綽的身軀。一時間靜極了的黃麻地裡掠過了一陣小風，風吹動了部分麻葉，麻稈兒全沒動。又有幾個葉片落下來，黑孩聽到了它們振動空氣的聲音。他很驚異很新鮮地看到一根紫紅色頭巾輕飄飄地落在黃麻稈上，麻稈上的刺兒掛住了圍巾，像挑著一面沉默的旗幟，那件紅格兒上衣也落到地上。成片的黃麻像浪潮一樣對著他湧過來。他慢慢地站起來，背過身，一直向前走，一種異樣的感覺猛烈地衝擊著他。

《紅蘿蔔》的時代色彩濃郁，細節逼真，描寫鐵匠的那些文字，讓我時時回想到左拉的《鐵匠》，可是讀著不像左拉那樣有過於繁瑣的印象。好看，在寫作技法上沒有太多新意。要說最喜歡，我自然仍選《紅高粱》。

我覺得小說要經得住時間的考驗，不只為某代人寫作，為某個特定年代裡出生的人喜愛。

莫言說《紅蘿蔔》寫得有些早，技術和表現手法都不太到位。

它是他在全國第一次打響、從此走俏走紅的奠基之作，緊接著才是《紅高粱》。

莫言自身並不留戀舊作，看得清自己存在的問題，說明他不僅反思傳統中落後的一切，而且還在不斷地進行自我反思和總結。

這是作家之能成為大家的應有風範。

提到小說構思時，他說短一些的作品可以靠感覺，有一種意象或意味以後立即抓住它，讓它成為全文的基調，長篇小說這樣幹卻行不通。

我之所以要扯一下這個話題，是因為張志忠先生在《莫言論》一書中說，莫言在軍藝寫小說時，往往拿著馬奎斯、福克納的書胡翻，不一定哪一句哪一行給了他靈感，一篇文章就「敲」住了。這樣的「敲」，顯然是針對一九八五年左右的那些中篇小說而言的。在構思長篇時，莫言卻不是由著感覺來，他說自己也搞一個提綱，列一個大概，但基本上用不到，有時要全盤推翻。畢竟小說故事的向前推演，有它自身獨立的內在邏輯性，具體創作時作家雖有很大的靈活性，但已有人物、事情不能不牽制作家的想像，使它不能游離太遠。所以他所言的「天馬行空」，多半發生在落筆之前。

他說，一篇真正意義上的作品，應是一種靈氣的凝結，文學家的靈氣和天才集中體現在想像上；他浮想聯翩，類似精神錯亂，將風馬牛不相及的各種意象疊合聯繫，然後取捨揚棄。所以要凌雲健筆，百無顧忌。創作者要有點邪勁兒，有一種天馬行空的狂氣和雄風。你仙音繚繞，三月繞梁不絕，那是你的福氣；我鬼哭狼嚎，牛鬼蛇神一齊出籠，這是我的福氣。只有不同，這世界才會多彩多趣。

當我問他自以為寫得最好的小說是什麼時，他說是湖南人民版的《酒國》，即作家版莫言文集第二卷《酩酊國》。

從總體上看這部小說確實寫得奇想迭出。我尤其覺得小說人物李一鬥所寫的小說（小說中的小說），才氣磅礴，令人如飲甘醇，其反諷之語言更令人放懷大笑。

對於反諷，他對我說武漢的鄧曉芒寫有《靈魂之旅》一書專門分析，所作解釋出乎莫言意料之外，但甚合其心。大概這和《管錐編》中所謂論者對原作有時有創新性的誤解相近：文學家的敏悟力往往過於學者，學者需不斷發掘不斷「誤解」；這種創新化的「誤解」同時又提高了文學家本人在理性層面上的自我認識，從而對後來之作起到良好的指導作用。

莫言的不斷進步是和評論家的貢獻分不開的。如今他已是當代中國最優秀的作家之一，國外一些評論家甚至說他「可能是老舍、魯迅以來最有前途的中國作家，但這兩位前輩的文學才華卻不如莫言」（【美】劉紹銘《入了世界文學的版圖》）。

我認為單就寫小說的天分而言，莫言確實已超過老舍、魯迅，中國在這方面能和他相比的恐怕只有金庸等一二人。可是我向來反感唯才華、唯天才論的種種說法。由於「文革」等政治因素的影響，一代奇才莫言所受的「文化」教育卻是零散的、畸形的、不足的、有「毒」的，這使他不得不撒「野」，在由「成人」組成的俗氣橫流的世界上故發狂言。這種狂有時像嵇康，龍性不訓、刺切忤世，有時像阮籍，不著邊際、空泛浮誇。

當我問他平時怎麼讀書時，他說一直是亂看，逮住什麼看什麼。過去在農村沒書可看，主要讀哥哥的中學語文課本和一些流行的戰爭故事，有時連醫學書也找來胡看。即使到軍藝上學以後，也沒有什麼好書可看，這才讀杜斯妥也夫斯基等——看來他像我一樣，不喜歡杜氏之作。現在可讀的好書多了，他確也看了不少，但習慣未變，仍然是亂七八糟，沒有目的，什麼都看。

作家固然需要雜七雜八，但一開始就沒有系統性，確乎具備不了較為厚實的文化思想之基，中國當代小說、散文多半不耐看，全因這方面功力不足，這尤其是莫言那代人的「先天」性悲劇，我們只能理解、自警，別無他法。

對此，有的評論家不是太理解。

比如上海三聯文庫中王一川先生的《中國形象詩學》，其中就有誤讀《紅高粱》的地方：作者畫了一個大大的關係圖表來一一對位地套解，說什麼子不如父、父不如爺，一代不如一代；相應地莫言那代知識份子不如二十世紀五〇至七〇年代的知識份子，五〇至七〇年代的又不如「五四」那一輩的；同樣是一代不如一代。所以小說高漲了「五四」那代人的個體生命力。

又說《紅高粱》敘述了兩個家族之間的權力衝突。余司令殺人父子，奪人妻財，這種行為莫言非但不譴責，對濫殺無辜反而持讚美之念，本欲張揚生命力、勃起人道精神，結果變成反生命、反人道、尚暴力！

我覺得，如果不這樣寫，寫得中規合矩、四平八穩，《紅高粱》就不成其為《紅高粱》，莫言也就不成其為莫言了。何止如此，《水滸傳》不到處有濫殺無辜，並一一「讚賞」嗎？金庸的哪一部小說裡沒有濫殺無辜，而金庸對此同樣持「肯定」態度？難道他們都在反人道反生命嗎？

不是！

作家知道小說是為讀者提供快樂，讀者不是白癡，都是神經正常的人，他們不可能由於讀了《紅高粱》而去殺人放火、打家劫寨、占山為王、組建武裝。即使有那種事，也不是由於讀了某某小說，受其指引，而是實際生活中的諸多因素促成的。

當我問莫言對此的看法時，他說：「王先生十年前就這樣說了，沒什麼關係，評論家有評論家的自由。」

王一川先生是位不錯的學者，但分析一部作品似乎沒必要搞得像立體幾何圖形一樣複雜？加進學者自身的聯想，有時聯想難免出格，離開小說本身，為求自圓其說而不免曲解文本。

王先生把《紅高粱》中的「我」，等同於莫言，認為《紅高粱》人物（「我」）的錯誤思想、「危險思想」，就是現實中的莫言的！

有了這種「邏輯」，王先生說：「如果說，曹禺一代作家在歷史合理性與道德合理性的尖銳衝突中被迫讓新人與家長一同走向毀滅的話，那麼，莫言則是寧肯為著歷史合理性而犧牲道德合理性。這樣，就難免出現一種『生命力悖論』：對生命力的不加分析和節制的全盤肯定和崇拜，本身就包含著一種殘酷或暴虐的反生命或反人道邏輯。」

像莫言這樣一代「新的作家群體為了追求理想的個體生命力，並以此去消解政治國家權威和超越前輩作家困境，竟無意識地置起碼的人道原則於不顧，競相崇尚反生命的暴力」（《中國形象詩學》）！

這兒是將「修辭成章」之為人的作者，與「營生處世」之為人（錢鍾書語）的作者混為一談。

當然，我不是說莫言的作品不可批，而是說作品和作家應該分開，作品有問題，單講作品的問題，作家有不足，只說作家的不足。

就莫言本人的不足而言，他的天才舉世公認，無可挑剔、堪稱世界一流的精品，都是中短篇小說，前期為多，以《紅高粱》為頂，批量集中爆發，《透明的紅蘿蔔》、《球狀閃電》、《金髮嬰兒》、《白狗秋千架》、《爆炸》、《野種》、《你的行為使我們恐懼》、《歡樂》……

長篇小說有所欠缺。他自稱最優秀的《酩酊國》，好就好在想像力上、感性敘寫上，這一點足可標舉當世，但是過於張揚生命力本身亦經不住推敲——人類的進步不能只靠張揚生命力完成，否則那只會導致野蠻。我們還應加進思想、文化、預見，並跳出單個生命體以外，有一種大關懷、大悲哀、大人格、大志向、大目光。莫言缺少的正是這些。

同時，人物的行為舉止確乎與其心理、歷史文化背景吻合，莫言筆下的人物，有時很缺乏心理、歷史文化背景的支撐，寫了一些虛假的心理、不實的歷史文化環境。

到二〇一二年十月為止，他的十一部長篇，我私自認為最好的還是早期的《豐乳肥臀》。

這部小說寫的是母親和不同的男人生下上官金童和他的八個姐姐，龐大的家族捲入社會動盪不安的歷史進程，以不同勢力的家庭成員內部衝突，來反映中國社會的變遷。母親是矛盾的彙集點，她的耐力、苦心、經受的煎熬，是內鬥的產物。同時，也是社會變遷的結果。既是拷問人性，也是拷問歷史。

另一個疑點就是，莫言不想回農村，可又公開聲明討厭城市，「都市生活中的喧囂、膚淺、虛偽、肉麻令我厭煩，便想躲進想像中的純淨世界去遨遊」。

我問：「你真的討厭城市生活嗎？」

他說：「到處都是人，與我全無關。」

看來他討厭的是與自己隔膜疏遠的東西。

作家都是情感動物，只有情感之間的真切交流才能一解他的童心之渴；但是城市太大，樓房太高，居住在城裡的人多是「困獸」，不能像在鄉村裡的人一樣自然、質樸、輕閒，活得滋潤，充滿人情。當他的感情無可寄託時，乃佯狂作文，這種「狂」其實是一種「變態」化的愛美求真的心靈姿態，也只有莫言這樣赤子化、童真化的人才離不開這種臆想的世界——人類哪裡有一個「純淨世界」呢？它只在想像中，永遠搬不到大地，古今如此，永遠如此！

所以，作為作家的莫言是一個不現實的人。不現實的人活在人間往往都是生活的「失敗」者！生活上的「失敗」又往往促進了作家的情思之力，化激憤為發憤，以作品的成功來證明自己沒有完全失敗。《道德經》的「反者道之動」談的正是這個理，人事天道合一，其「動」全在於「反」——「反對」、「回返」之「反」。

這種個性心態從而規定了莫言小說的視角——孩童視角。

我問：「你的小說喜歡用兒童作為中心人物，由他們來觀察成人社會，這說明你的童年對你很有影響。現在還用這種視角嗎？」

他說：「童年對人的影響只能是大概的說法。我們這代人童年出身都差不多，都很窮，沒什麼特殊。早期的小說我用了童年視角，後來有了突破，不再用了。」

其實「童年視角」改為「童心視角」更合宜。若從「童心」來看，莫言一點沒變，他不可能變，要不然，他早已不再憤世嫉俗了！

談到莫言作品的特色時，我說：你所有小說最大的特點是用了通感。五官打通，味覺也有了視覺、觸覺效應。由此而奇想幻想，往往能組合無數的新鮮畫面，真是美不勝收。錢鍾書是打通中外古今通感理論的第一人，用他的思想來詮釋莫言小說很有意思。

莫言說他只看過錢鍾書的《圍城》，學術著作未看。這一點我能夠想像，所以並不意外。

最後當我問母校解放軍藝術學院對他最大的幫助是什麼時，他說是讓他從業餘創作走向專門創作。而我所提到的擴大視野、提供觸發靈思妙想的環境等似乎不為他看重。我不清楚他的說法是不是切合實際，或許我本來就問了一個太過籠統的問題。

書房內外

至今為止，都沒見過能讓我留下深刻印象的書房，那種古色古香的味道，開闊敞亮的感覺，字畫古玩盈室，珍本足本奇居，進去後就不想出來，就心動不已的房子。大概它們都成昨日黃花，只存於記憶深處了。據說在金庸、李敖等港臺名士那裡，也還別具規模，格局新異，開人眼界，最能說明主人的性情、趣向。大陸卻很是不行，因為它的空間太局限，人人都在幾十平方米的蝸居裡生活，起碼的水準都不到，再要騰位置，訪購各類圖書，專意設計一個溫室收藏，也就成了比較奢侈的夢想。

大約二〇〇〇年前後，我還在做著學生時，就去過清華大學教授秦暉先生的家，當時他住在清華東側的五道口，此前已搬過無數次家，全都是租的，一兩年換一個地方，處於「游擊戰士」狀態，這次頭一回購買，也就六七十平方米的樣子。

進得門，我看到他家那個長長的過道裡，單打出一溜子書架來，嵌入牆內，從地板一直到天花板的架子上，塞滿了書，高高危危的，圍了一圈，最上頭的需要上梯子才能取，不由得嚇了我一跳。

我和他一路觀賞，一路評點，一路進去，特是佩服他利用小天地搭建大舞臺的智慧。並叮囑自己，今後有自己的房子了，一定要學習他，把每一點的空隙，都儘量利用起來，把整個的家，都擺佈成自己的書房。不然，我那數千冊書，是放不開的。

我導師的導師，北京大學中文系的謝冕先生，六十多歲了，還是個兩居，五六十平方米，屋子裡的空間不夠用，書都堆在走廊上。我實在怕哪一天，也要像他老人家那樣，查個什麼資料，都得到走廊上一遍遍倒換，弄得大汗淋漓，積塵飛揚，鄰里們敢怒不敢言。自己再要受刺激，得個哮喘、支氣管炎什麼的，那就慘兮兮的了。

二〇〇一年四月四日，我第一次去莫言家，他那個書房，是我看到的最帶勁的。像進了整潔的賓館，只不過服務台換成了他的書桌，一橫一豎，寬寬大大的臺面上，整齊地碼放著書，側面是電腦，液晶屏，那時候還不大多見的那種薄薄的面兒，淺白色，煞是好看，大概費了他兩三萬塊，特為置備。

中間一張轉椅，椅子後面貼牆，則是半圈子書架，插放著各種時髦的圖書，抱裹出一個獨立的世界來。

在它外面，平推進陽光，正對住一個開放式的陽臺，光線特別足，也特別好。

我就想，能有一個這樣的地方搞創作，心情一定乾淨而平靜，在我，也就知足了。在莫言，則是付出了不小的「代價」。

他是直等分上這套位於地安門、北京市「中心裡的中心」的三居，四十多歲後，才打報告，從軍隊轉的業。假如分不上，也許還要待在裡面乾乾地耗著，不知何處是個盡日！研究生畢業後，留在北京，開始我也是居無定處，一處處搬家，平均一年就折騰一回，沒有什麼像樣的書房，更不敢想。倒是在不斷搬家的過程中，丟掉許多珍本，滿以為全都打上了包，也不知怎樣一眨眼就丟了，丟得莫名其妙。

眼看著身旁的朋友一個個貸鉅款，遷入新居，我心中就有個越來越強烈的願望：一定要擁有自己的住房，再整個像莫言那樣別致的書房，不等它分了，否則等我鬍子拖到心，也不定排得上。即使排上了，也還得走後門，爭一個位置好點的樓層與朝向。我沒有這耐心。

拿朋友的話說就是，我現在能嚼得動豆子，到六七十歲，牙全掉了，還嚼得動嗎？

年輕的時候，什麼都能享受的時候，最缺的卻是保障享受所需的「資金」，日積月累、省吃儉用，攢下點鈔票，沒來得及辦正事，沒來得及享受，好日子沒過上一天，又要生兒育女，什麼什麼都給了子女。一晃老了，子女在你走過的路上輪回，你再不需負擔什麼，可對「享受」上的事，已心有餘力不足。這日子，何以堪？

所以，現今的年輕人都願超前消費，不再像祖輩那樣，委屈自己，寧肯低調做人，埋頭用功，受再多苦累，也想不到去銀行貸款，多過幾天舒心日子的。

這幾年中國城市的居民，家庭負債率就在不斷翻番，個人消費貸款餘額也在急劇擴大。債務主要來源於住房上的按揭貸款——中國大城市的房價，高得離了譜，遠遠超過工薪階層正常的承受能力。

以北京、上海為例，一套八十平方米的住房，價格起碼是人均可支配收入的二十七倍，而國外一套住房與人均可支配收入的倍數，德國是十一．四一，英國是十．三，義大利是八．六一，法國是七．六八，美國是六．四三，連一般人認為人均土地資源極匱乏的日本，這個比例也不過才十一．○七。

其他方面的物價，同樣一路看漲。而越是不容易，年輕人越是要依靠「高利貸」生活。

我就常起念頭，想買一套差不多的房，但是我敢嗎？咬緊牙，起碼也得還個三十年。一輩子的精血，大半砸進去不說，單單一千多塊錢的月薪，我把嘴紮上，也還不起那個債。

幸好年內我一位親戚出國，他那個三居帶不走，臨時借我住，叫我給他看「門戶」，我這才「天上掉下個林妹妹」似的，多少有個真正屬於自己的窩。

我就模仿秦暉先生，請人打兩個上天入地的大書架，碼滿書尚不夠，又把所有的櫃子、抽屜堵滿，還是不足，只好在書桌後的空地上，沿牆一層層碼，碼得水泄不通。

坐進去，正對一個寬敞的大窗戶，活像個「二莫言」，人在半睡半夢之間，多少有了點點的滿足。

躺著躺著，又突然生出個預感：我那位親戚，在美國患上了急性的不治之症，臨終前留下遺書，說他在中國的那套房子，遇見麻煩，他已接通知，需限時遷出，他再也頂不住，讓我想辦法。而兇惡的拆遷隊，說到就到了，正在門外咆哮，就快打進來。

嗚呼！

書乎房乎！

睜開眼，我急出滿頭的大汗。

蹦起來四周看看，書還在，房安在……

想成功不可「莫言」

一

賈平凹著有《說話》一文，認為普通話是普通人說的話，他不是普通人，說不好普通話，「連毛主席都不說普通話，我也不說了」。因此，每遇外出，為免說話，他常常提一個帶有

「聾啞學校」字樣的包，這樣自在，失去許多好事，也避免諸多是非。

幸好他已經是賈平凹，出過道了，萬一做賈氏第二，今天不比過去，就不一定出得來，普通人敢效仿嗎？

大概現在的平凹史書讀多了，吸收了那上面不少的道理，諸如「沉靜立身，從容說話」、「能有幾句，見人胡講，洪鐘無聲，滿瓶不響」，再有「話多不如話少，話少不如話好」、「人生喪家亡身，言語占了八分」、「苦甜下嚥不覺，是非出口難收，可憐八尺身命，死生一任舌頭」等等。

平凹的朋友管謨業受說話之苦，則乾脆取「莫言」為筆名。我沒有問問這名字的因緣故事，曾經揣想那是他把名字裡的「謨」字拆開，並且與「謨業」諧音；二者才是作家「莫言」希望謙虛些，少說話，甚至不說話，改掉從小倔強、喜愛開口、好打抱不平的「毛病」。拿莫言的爹告誡他的道理來說就是：「你從小嘴上缺崗哨，說句話能毒死一個連。漸漸大啦，要長心眼，古人云：良言一句三冬暖，惡語傷人六月寒。……啄木鳥死在樹洞裡，吃虧就吃在嘴上。」

可是一味不說話也不是辦法，由於「不說話」而被埋沒的例子歷史上肯定不少。晉代王濟的叔叔王湛就曾經這樣。

那是位有識度少言語的奇人，人們卻不識，認為他是個癡呆。一次王濟去看他，見他床頭擺放了《周易》，就與他交談，發現叔叔剖析入微，思理深遠，乘馬也不亞於自己，不禁感歎道：我家中就有位當世高人，三十年卻從來不知道。後來武帝問起他的癡叔叔如何時，王濟說我的叔叔一點不癡。武帝問：誰能和他比？王濟答道：他在山濤以下，魏舒以上。此後王湛名聲顯赫，三十八歲開始為官。

在那種人口不怎麼多，競爭也不怎麼激烈的時代，人才的被發現已然不易，何況是今天呢？所以，那些有天賦、怕埋沒的人，開初很應該會說話，積極出賣自己，把自己往外推，千萬別學賈平凹們的沉默、「莫言」，傻鳥兒似的。

這是有榜樣的。還以莫言為例，記得他剛起步那會兒，在社會上才闖出一點名氣時，就說過不少海話。說他從來不看書、不怎麼看書，以示自己是位天才，好教世人吃驚。名氣大了，顯赫了，變被動為主動以後，他反倒謙虛了，解密說他一直在狠狠地看書，什麼都看，而以前的「不老實」那是想出名，有意與眾不同，採取的是兵法上的策略，給媒體一個爆炒的熱點。包括自己要寫的所謂「作家話劇三部曲」，為什麼非三不可，不能二、四呢？那也是個由頭，叫媒體抓個熱，似乎只有「三部曲」才好，才能炒起來，如果不說話、沉默，誰來炒呀、把你記起來呀？

因此，「成功」離不開包裝。出道前尤然。因為此時「不缺」你這樣的人才，要想一炮打響，就得精心而別致地進行「包裝」——只有「包裝」才能引人注目。

可是名聲效應奠定以後，到平凹們這種境地，就不該依然離不開包裝，而應清醒地意識到此後的較量靠的是真才與實力，這時再謙虛、客氣，就可以也應該了。

其實，任何名牌產品都是經過了類似的途徑來「出道」，站穩腳跟，占住一片市場的。產品這樣，人怎能例外？但人不是產品。所以，許多人能夠原諒產品「持續性」的包裝，而不能原諒某些人，因為他們不讓人感到在這方面已經具備了一定的自覺性，沒有學習賈平凹、莫言。

二

在過去，名聲不能產生「效益」——主要是經濟效益，因為人口不多，城市不發達，真正游移出來從事寫作的人不多，寫一點文章也是靠了手抄本傳世，賣不了錢，也沒有雜誌、報紙等著、追著向作家索要，故而，人們想出人頭地的欲望並不急迫，讀書的目的多為科舉做官。

此前，在還未實現科舉前，讀書人則寄身權門，充當幕僚、說客、師爺、先生，寫文章更是旁業，非為正途——若不這樣，他們就得喝西北風。而能夠坐吃山空、無須勞作的貴家子弟大抵又不喜用功，視文章為糞土。

至曹丕，乃籲示「蓋文章，經國之大業，不朽之盛事」，文人作文，堪成「副業」。

或有拿它一心一意做下去，而文章又不能像今天這樣賣一點稿費，甚至以專賣稿費謀生者，做文章不亞於輕視身家性命，乃自歎「文能窮人」——窮人做它，藉以澆愁破悶，熨靈魂使安平，通宵達旦，勞心已甚，終而立名「不朽」。

此間「不老實」的也有。借助「包裝」出道的典故，在中國古代並非貧瘠之地。古人就有「舉賢不避親」一說，那是為自家人包裝。「毛遂自薦」這個成語典故更是自己「不老實」、sell myself（「出賣」自我）的最早記錄。只不過毛遂「出賣」的是自己的嘴皮子，他能說會道，智量過人，自信能夠不負主家之望，不辱使命，在眾多養士裡是惟一不平庸、有真才實學、可堪大任而能脫穎而出的一個。

後來的事實證明，毛遂在無人賞識時，敢於站出來充當自己的說客，把自己「包裝」一番，得到主人重用，其行於國人之「中庸」、「不當出頭柱子」等通行的信念誠已背道而馳，這種「包裝」是及時的，也是必要的，解決了重大而棘手的難題。

假如他靦腆、沒有自信或者不肯「出頭露臉」，沉默不語呢，情況又怎樣？

所以，一旦機會來臨、條件成熟時，我們要有一種「捨我其誰」的信心，果斷站出來，展現自己，讓大家知道非「我」莫屬，從而獲得有利的資源和力量，不能再謙虛——這時還謙虛，那就有點犬儒主義的意味。

不過，毛遂屬於上古之人，他的做法在後來者看來，恐怕過於直來直去。那些後人，也就是那些經過孔門「中庸化」「改造」以後的知識人，去掉了「毛遂」頭上的一層「毛」，「遂」知道君子、客氣和謙虛了。有了這樣的改造，我才不曾聽說有什麼「毛遂第二」。

可這並不意味以後的人從此沒「毛」、脫離動物世界而高度覺悟，不肯自我吹噓與包裝，而是學會了法家的權謀之道——學起了「奸詐」、「狡猾」、繞彎子！

我不知道那些不成功者的經驗，歷史向來記載的只是已成功者。在這些已經成功過的人士那裡，值得一談的是詩人賈島。

他的名字真好，「賈島」者即「假道」、「借道」也，「君子擅借於人」，賈島所「假」之人是當時的文壇領袖韓愈——他為求早日出人頭地，特意給老夫子出難題，攔在韓愈必經之地，而後故意堵住他的道兒，引得韓愈的手下拿住他訊問：「你走路怎麼不帶眼睛，韓大人轎馬經過，為什麼不早早迴避？」

賈島剛剛驚覺過來似的，說：「我正在作詩，吟有一句，不知道用哪一個字好，正琢磨呢，不意撞到了大人。」韓愈聽見後，好奇地打聽是句什麼詩。這一下正中賈島本意，連忙說：「我剛剛得到一句『鳥宿池邊樹，僧敲月下門』，不知道用『推』好呢，還是用『敲』。」

韓愈陷進賈島的「圈套」，幫助他「推」「敲」，賈島借此一夜成名。

因而，賈島「包裝」自己的方式是深藏不露的，一般人學不好，學不了。但它的確給了我們不少啟示。

三

「包裝」自己既然還有點好處，那麼今人還時興嗎？

單表胡適「博士」。他還在美國哥倫比亞大學讀書時，就收到北京大學的聘書，趕忙匆匆回國，連學位也沒拿。回來以後，為了表現不凡，他再而「大言不慚」地提前十年預用「博士」頭銜，成為當時北京大學唯一的「博士」。這行為即使在今天的君子們眼裡也是不符「道德」的，不但不被理解，反受多人詬病。

至於我，我極為同情胡適，理解胡適，因而認同了他的做法——胡適預用洋學位包裝，從一貫遵行的「道德」層面看，似乎有損夫子之道，不過，在當時那個老人治國的土地上，倒的確唬住了一大批的新、老學究，使少年胡適曝得大名，占住有限的資源空間，施展才學，終遂其願，成就一番了不起的事業。

若如太「老實」，和旁人毫無不同，他還能「唬人」嗎？唬了有人聽嗎？還可以開風氣之先、領引風騷幾十年嗎？

所以，胡適與毛遂即使隔著幾千年，可他們的精神、心理相通，區別只在他們採用的方式——人類越是「文明」，個人欲想立住、打響，就越需要弄「虛」作「假」。

由於這一點無法從根本上加以免除，因此「包裝」免不了包出些泡沫，推出幾個曇花一現、名不副實的人來，好在時間能夠對他們自然地進行淘汰、選擇，這顯示了歷史的無情與誠實。

也就是說，依靠「包裝」真正站起來的名至實歸者，自然能立住、站穩；繡花枕頭，即使你「包裝」再好，遲早也得露現真相與事實。

我的四周就有不少沒出來、正出來、已出來的作家、學者或者準作家、準學者或者偽作家、偽學者，他們起始想出來，不得不費盡心機，甚至專門研究哪種法子出道最快，找一些別人不去、未去、少去搞的題材、領域碰，只要它們別具一格，有一定的市場，就可以借助現代發達的傳媒鼓吹、炒作，然後，他們「出來」了。直到這裡，他們的行為大抵都應為我們認可，但是多數走的是邪路、偏路或斜路。因此，「出來」以後，面對再包裝時，很需審慎。

這時的選擇無外三種：無實力者今後的日子專靠包裝、只靠包裝；處於有無之間者適時得包裝包裝；例外的只有那些實力很強者，他們「出來」以後才對包裝真心地厭棄，畢竟「包裝」容易使人失去創新所最需的「寂寞」和「自由」，因此他們選擇了「莫言」，達到最高的人生境界。

可見，當一個人出不來時，他不得不包裝打扮，尤其現在這世道，肯於提攜別人的少了，而出來的途徑又不是特別多，不趕緊往外冒，就可能一輩子壓著出不來。日子一久，信心全無，洩勁、氣癟，把自己打倒。

四

張愛玲是位早熟的天才，很小就明白了「包裝」的道理，她說「成名要趁早啊」。

「早」當然也有不利之處。這樣的不利幾乎還沒有人談過。很自信的人不屑去談，沒自信的人不敢公然而談。我的意見是，先得明白自己到底能做什麼，認準之後再圖出來，才不會走彎路，不是這方面的料，硬把腦袋瓜兒刨得尖尖的，即使鑽進去，那也很痛苦，後半生全搭進鑽營投機中去了，不免成為這領區的污染，像「老毒物」歐陽鋒施放的流毒，具有連環效果，一個染得，又傳入他者體內，以至於貽害無窮——過早出來的人，往往認不準自己的天賦在哪，誤投誤引的概率更大。我的身周，幾乎每天都能見到這樣早早出道的「流毒」。

但即便已經認準方向，也不等於此後就萬事大吉，一切「成功者」都不會這樣近視，他們懂得最緊要的始終是進修好內功——內功上不去，沒有底氣，容易把人吹成泡沫。今天許多人，成名前後往往判若兩人，和媒介像生死與共，蜜得拉都拉不開，鬧出許多笑話。

這很像戀愛，一開始總得窮追猛打，討對方喜歡，搞一點小偽裝，小情調，無傷大雅。若與對方相知日深，已然接受，還在弄「虛」作「假」，那就很荒唐。

所以，凡事不過度，包裝自己有「度」。

反觀胡適的愛惜羽毛，不難發現，他的行為雖有過當之處，但做大事者不拘小節，事實證明他的「包裝」並無禍害——「出類拔萃」後，他易於打開局面，各種資料往復來去，居利位期可大成。

那些永不覺悟或小有成就就覺得「老子天下第一」的人，害人尚在其次，主要是誤己——說他害人，是因為別人聽信吹捧，卻未見一分錢一分貨。說他「誤己」則由於投錯了胎，不該幹的偏偏幹了，幹不好，幹不出色，浪費天分才智，把其他有可能走得挺好的路統統堵死。

這是一個歧途，每個「人才」每天都在面對的歧途。

第二輯 文學莫言

一個有良心的作家，他應該站得更高一些，看得更遠一些。他應該站在人類的立場上進行他的寫作，他應該為人類的前途焦慮或是擔憂，他苦苦思索的應該是人類的命運，他應該把自己的創作提升到哲學的高度……

莫言的文學世界

從「諾貝爾文學獎」話題開始

一九九九年，《北京文學》發表《百年諾貝爾文學獎和中國作家的缺席》長文，聲稱國內最有希望得此獎項的作家，一是太原的李銳，一是北京的莫言。李銳暫不論，說到莫言時，作者認為：

莫言沒有匠氣，甚至沒有文人氣（更沒有學者氣）。他是生命，他是搏動在中國大地上赤裸裸的生命，他的作品全是生命的血氣與蒸氣。八〇年代中期，莫言和他的《紅高粱》的出現，乃是一次生命的爆炸。本世紀下半葉的中國作家，沒有一個像莫言這樣強烈地意識到：中國，這人類的一「種」，種姓退化了，生命委頓了，血液凝滯了。這一古老的種族是被層層疊疊積重難返的教條所窒息，正在喪失最後的勇敢與生機，因此，只有性的覺醒，只有生命原始欲望的爆炸，只有充滿自然力的東方酒神精神的重新燃燒，中國才能從垂死中恢復它的生命。十多年來，莫言的作品，一部接一部，在敘述方式上並不重複自己，但是，在

中國八九〇年代的文學中，他始終是一個最有原創力的生命的旗手，他高擎著生命自由的旗幟和火炬，震撼了中國的千百萬讀者。❶

文學鑒賞，確是存在偏好與趣味問題，我一直很喜歡莫言的，唯有他的中短篇，尤其喜歡《紅高粱》。《百年諾貝爾》的作者，雖是我最為尊敬的中國文學理論家，但在對待莫言的評價、態度上，我和他是有一些差異的。

僅由他對莫言的感悟看，確乎發人未發，提綱挈領地概括出莫言小說藝術的獨特風格，可我在這段話裡，也發現了一些問題：

其一，作者沒有一句在批評莫言，這起碼很不全面。可能受行文字數限制吧。

如果這可以諒解的話，那麼下一個問題就讓人莫名其妙了：匠氣和文人氣、學者氣，似乎都是文章作者所要排斥和批評的。匠氣不可取，我們能理解，文人氣、學者氣為什麼要不得呢？二者的具體內涵指什麼呢？不明白。

就我看，數千年文學史上，我國的著名作家，恰恰都是帶著點「文人氣」、「學者氣」

❶《今日思潮》，劉再復著。吉林文史出版社，二〇〇〇年。

的，詩歌、散文的深文奧義、委婉傳情且不說，即使到明清小說，紅樓三國、聊齋儒林、三言二拍，哪一部不帶著很大的「學問」在內？

到二十世紀前二十年，文學發生分裂，形成兩大流派，一是以「五四」來命名、佔據文學舞臺中心位置的「新文學」流向，「代表是魯迅、周作人、胡適、郭沫若、聞一多等」；一是處於文壇邊緣地位的「本土文學傳統」流向，代表是李伯元、鴛鴦蝴蝶派諸君、張恨水、張愛玲、金庸諸君。

其中作為「本土文學傳統的集大成者」的金庸，「他真正繼承並光大了文學巨變時代的本土文學傳統；在一個僵化的意識形態教條無孔不入的時代，保持了文學的自由精神；在民族語文被歐化傾向嚴重侵蝕的情形下創造了不失韻味又深具中國風格和氣派的白話文；從而把源遠流長的武俠小說系統帶進了一個全新的境界」，這樣一個被作者極力稱道的人，不純屬中國內地作家，他是在相對自由的香港搞創作，最見特色的恰恰是小說裡的「文人氣」、「學者氣」。

其他名篇，如《京華煙雲》、《圍城》、《啼笑姻緣》等，也都帶了些「文人氣」、「學者氣」。

莫言身上難得有這樣的「文人氣」、「學者氣」，倒是他文章最大的缺陷之一，而不是什麼優長——因了這個，他的長篇，「一部接一部，在敘述方式上並不重複自己」，但形式上的花哨，不能掩蓋背後內容上的無法調和，以及一些地方的「單薄」。

那代人欠缺、有害的教育和「層層疊疊積重難返的教條」，帶出他這個叛逆。可惜，他的「叛逆」與「原創力」，多半體現在形式上，體現在表面的主題上，其精神、思想內裡、核心，因著土壤的荒蕪、貧瘠而有「毒」，再也上不去了，開闢不了能把全人類納入一種兩難狀態的宏大結構，把我們難以想明白的東西填下去，從而提出一個無法解決的問題，營造一些無窮無盡的話題，到兩可兩不可的境界去，使每一代人都得不出結論，卻一定會被進入、捲入，投進思考，獲得巨大的閱讀經驗。

他是有過這樣的決心或信心的。

如說：

思想水準的高低，決定了你將達到的高度，這裡沒有進步、落後之分，只有膚淺和深刻的區別。❶

❶《超越故鄉》，浙江文藝出版社，二〇〇〇年。

我比很多中國作家高明的是，我並不刻意地去模仿外國作家的敘事方式和他們講述的故事，而是深入地去研究他們作品的內涵，去理解他們觀察生活的方式，以及他們對人生、對世界的看法……《紅高粱》表現了我對歷史和愛情的看法，《天堂蒜薹之歌》表現了我對政治的批判和對農民的同情，《酒國》表現了我對人類墮落的惋惜和我對腐敗官僚的痛恨。這三本書……是一個被餓怕了的孩子對美好生活的嚮往。❶

實際上，莫言的長篇很難具備太多思考的品性，缺乏那種永遠無解的、形而上的悲劇精神。

《紅樓夢》的主題具備了這樣偉大的品性：多疑而小心眼的林黛玉，不具備做妻子的品格，憐香惜玉的「護花使者」賈寶玉，也不具備做丈夫的品格。人們為情動容，都希望他倆結合，但「大意義上的精神戰友，難以消受日常生活的瑣碎」，即使把他們生生分開的王熙鳳、賈母早死，其悲劇也是不可免的——我們無法想像二人在一起做夫妻、過日子的情形。這就體現出情感與婚姻的某種不可調和的悖論性，是一齣人間無法解決、也不會有答案的大悲劇。

《西廂記》中也埋下這樣的結構：一見鍾情的兩個人，女方家長阻擋住，要求門當戶對，男子必須考上狀元後，才能和女兒完婚，考不上就不許。劇本結局雖是個「大團圓」，實際上作者卻是把離別那一段當了永別來寫：

碧雲天，黃花地，西風緊，北雁南飛。曉來誰染霜林醉？總是離人淚。老天不管人憔悴，淚添九曲黃河溢，恨壓三峰華嶽低。到晚來悶把西樓倚，見了些夕陽古道，衰柳長堤……遍人間煩惱填胸臆，量這些大小車兒如何載得起？

為什麼要這樣寫呢？

假如門不當戶不對，那麼男主角棲息他人門下，腰桿兒一輩子挺不直。追求自由、自立的小姐，要這萎縮的男人幹嘛？

這是個兩難。

在無法美滿的愛情或婚姻現狀下，男子唯有改變自己，或放棄，或科舉，才能解決危機。矛盾來了：放棄的話，情感上如何承受？不放棄的話，科舉他成嗎？照他「遊於四方」的性情看，科舉他是不太行的。

這人根本沒時間讀書，盡在偷情與戀愛，一路上害著相思，念著溫柔，不用心於書，若能高中，並一舉奪魁，那真是癡人說夢。

❶《饑餓和孤獨是我創作的財富》，浙江文藝出版社，二〇〇〇年。

所以，後來他的居然考取狀元，得了「團圓」的結果，只是作者為照顧觀眾情緒而設計的，前次的別離才是真正的「永別」，作者知道事實上的他一定考不上，愛情難分難棄，也就把它當了「永別」來寫，透出王實甫作為一個偉大作家的不凡之處，在看似很淺的內容背後，埋著很深的井，放進了深刻的東西，作品從而具有了永恆的品性，讓我們從中觸摸到了偉大，獲得思考上的快感。❶

莎士比亞更有所精通。

《李爾王》營造了一個巨大的思想宮殿，經過二十世紀無數最優秀的大腦解讀，我們得窺堂奧。

表層上的故事很簡單：一個「糊塗」的爸爸，兩個壞女兒，一個好女兒。壞女兒騙了爸爸，說自己全心全意愛他，好女兒說了真話，說不可能把愛全給爸爸一個人，有一部分要留給丈夫與孩子。結果說了假話的得到江山繼承權，後來遺棄了再無權勢的李爾，說了真話的什麼都未得到，遠嫁法國，聽說爸爸遭難後，為營救他而犧牲。李爾抱著死去的小女兒，發了瘋。

李爾那樣英明，當著帝王時，難道他聽不出誰真誰假嗎？

如果聽不出，那只是寫了一個傻瓜的悲劇，傻瓜的悲劇是沒有多少分量和力量的。

其實當時李爾明白，但他為何要處罰講真話的小女兒呢？為何拒絕真話、需要假話呢？

因為在絕對的權威、「至尊」面前，不允許講真話，更不允許說半個不字。絕對的權力使李爾異化，不再具有普通人的特徵、性情。

從帝王變為普通人，集權被自己剝奪後，他的兩個女兒露出真面相，一次次作難他，他受盡磨難，方才明白真實的重要。由此，莎士比亞成功地實現了這個人物價值與信念的全部轉移。然而，李爾完全懂得後就瘋掉了。

所以，李爾的悲劇在於，有話語權時他不知道，失去話語權時才知道一點點，但內心裡不敢承認，完全知道後，他卻瘋了，沒有用了——唯有瘋，才能消解表面性的衝突、矛盾。

而人類只要是社會性的，就存在著權力與人性的異化問題，這問題是沒有答案的，只具有引人進行深入思索的魅力。《李爾王》就帶上了永恆的品性。

若從這方面看，莫言的作品很難具備這類品性。所有架構都能落進最後幾句話中，矛盾都得到「解決」，起碼讀者都知道該怎麼解決，作品就小了。

❶本段例子參照了中央電視臺二〇〇二年十一月底和十二月初余秋雨先生在中國現代文學館的講演中的說法，題目是：《文學創作中的未知結構》。

他寫得最切近生活實際的長篇《天堂蒜薹之歌》❶，其小人物的冤屈、不解氣，以及後來一個個的悲涼結局，全是官僚們人為製造的。沒有了這些人為因素，能通過正當程式把官僚打倒，或者主人公稍稍具備一些現代理念，也就不會發生這些悲劇。

因此，這類的悲劇，是人們一眼能看清來龍去脈、前因後果的，都有杜絕、根治的方法，就「形而下」了，讀者除了感歎外，再無其他玩味餘地。

在比較錯綜紛雜的形式面前，內容上的緊實，把形式脹得滿滿的，這形式便隨之小下來。莫言多數長篇小說的特色，情形都差不多。

一些短篇，也存在類似的缺憾。後來他較受眾人贊許的《拇指銬》❷，情節安排就令人難以置信：通篇寫一個極其貧困的孩子，給母親買來藥，路上被一個男人莫名其妙地喊住，兩隻大拇指被這個說「神經」不是「神經」的大人銬到樹上後，不再過問。

路過許多人，有人甚至過來問話，所有人最後都是毫無憐惜之心，孩子就在這樣的境況下，掙扎、瘋狂、絕望，最後倒伏在地，夢見自己投進正孤身生病在床的母親懷抱的故事，想說人與人之間的冷漠殘忍，在即使溝通、沒有誤會的狀況下也能絕情而漠然，專幹缺德事，叫人發狂發瘋。

假如在荒郊野外，假如母親不臥病床，假如無人過問，假如不是在人口稠密、鄉情簡樸的中國社會，發生這一切都很好理解，孩子的體驗確實很獨特，但並非如此，這些大人的行為也就太異常，太不可思議了。

我們難免會問：這事發生在中國？同情心呢？一個不同情也還罷了，個個不同情，誰能理解？那孩子慘兮兮的，快要死掉的樣子，他母親等著他的藥救命，銬在這麼一個不算偏僻的路邊，任誰見了也會先救人再說，何以不救呢？孩子為何不喊不說，告訴自己和家中的情況，求人救命呢？中國的鄉村社會再怎麼變異，也不到這樣。即使發生在中國城市，也很難一見。這哪裡是社會？分明是監獄。把監獄中的體驗，加在一個孩子身上，加在一個自由人身上，說不通。

因此，這部小說裡的人物，不夠真實。核心情節的設計，難以立住。衝突和悲劇的力量，隨之降低了不少。後來如何寫，已不重要。

另一方面，莫言這個帶了「生命的血氣與蒸氣」的「赤裸裸的生命」，以為「只有性的

❶參見《莫言文集》第三卷。作家出版社一九九九年。

❷《莫言小說精短系列》之《蒼蠅．門牙》卷。上海文藝出版社二〇〇〇年。

覺醒，只有生命原始欲望的爆炸，只有充滿自然力的東方酒神精神的重新燃燒」，呼喚「野性」，象徵或代表了「旗幟和火炬」，這人類種姓退化、生命萎頓、血液凝滯的一「種」，才能起死回生，這種想法不可謂不片面、簡單、輕率。

具體到《紅高粱》，戴鳳蓮在余占鼇殺死了自己公公和丈夫單家父子之後，良心上沒有任何反映，她本就是期待的、慶幸的，那個殺人者做了她的床上客，占了單家的財產，兩個人都是肆無忌憚。傳統的道德、倫理，心裡的畏懼、不安，在他們身上毫無體現，這就缺乏人性和歷史的深度。

小說此處，沒有可信之心理與靈魂深度的人物，編出來，被作者推上前臺，只好繼續編下去，用一些想當然的「道理」說服大眾。

到《檀香刑》，他更是鑽到了「歷史」裡。

歷史嘛，八竿子打不著，過分了也是個奇，痛癢隔了七八代，何樂不為？

也許這樣說為時尚早，作者最好的作品是「下一部」，難道我們對莫言失去信心和耐心了嗎？

不是。而是說，要是到哪一天，大家都能說你才說，那你形式上再高明、再花哨、再原創，也不是傑出可敬的。

莫言宣言：

一個有良心的作家，他應該站得更高一些，看得更遠一些。他應該站在人類的立場上進行他的寫作，他應該為人類的前途焦慮或是擔憂，他苦苦思索的應該是人類的命運，他應該把自己的創作提升到哲學的高度……❶

提倡是次要的，重要的是能不能做到，能不能做好。

假如本身沒有太多的「哲學」、「思想」，只有零星的感悟，那就很難寫出什麼「迷失的」理性，「寓言」或「預言」什麼「人類性」的命題，將「特殊中的普遍凸現出來」，獲得「走向世界的通行證」❷。

對不少的中國作家來說，「人類的……」往往容易鑽空子，成為對個體生命漠不關心，逃避現實、追求「純藝術」的藉口或幌子。

❶《我的豐乳肥臀》（莫言散文）。

❷《超越故鄉》。

莫言的「審美」觀

許多評論家認為，莫言是那種審醜、不太注意審美的作家，小說裡描寫了大量震撼人心的內容，像《紅蝗》裡的大便、蛆子，《紅高粱》裡的剝皮，《蒼蠅．門牙》裡的蒼蠅，等等。而他以「豐乳肥臀」這幾個讓老夫子眼睛發藍的字來做小說的題目，更是向市場繳械的「墮落」表現，非但無法象徵「生養和哺乳」，象徵光輝、偉大的母親形象，反而是玷污了——遵照傳統習慣，任誰都不會把「豐乳肥臀」往自己「母親」身上去聯想，倒不在於虛偽不虛偽，母親是不是女性，真否乳豐臀肥，而是約定俗成，像一加一≠三那樣。

要是莫言不刻意交代，他寫這部書是要獻給母親，大概人們的譴責聲還會小一點，他既想獻出，那就是誤導讀者。

莫言的每一篇小說，其實都是既審醜也審美的，只不過他的「審醜」，比起旁的作家來，可能更頻繁，並且好走極端，喜歡寫到極致，讓神經脆弱的人受不了，引起廣大的震撼和爭鳴，變相地也就迎合、操縱了市場。

這是他較為鮮明的「藝術」特徵。

到後來，他成了「壞孩子」，專向「惡作劇」使勁，變本加厲地強化、突出那些「惡作

劇」，有心違背一些常規意義上的美學原理或原則，去達到驚心動魄的效果。

從一方面說，我們可以認為這是他的特色。

從另一面說，凡事過度，朝反方向「迎合」、「批判」，效果不一定好，不一定達到信誓旦旦聲明中所說的那些效果。

寫作時作者很自由、很隨意，這是權利，不可讓渡，至於讀者接不接受，抱怨不抱怨，那就是讀者的權利了。因而，只要不在乎，作家無論怎麼寫都行。

怎樣才「好」，涉及一個量與度的問題。

一般人的意識裡，不太贊成一切的誇張和賣弄。

「一切誇張和賣弄總是過量的，上自媒人的花言巧語，下至戲裡的醜表功，都是言過其實、表過其裡的」，同時，你的「誇大反襯出我們的渺小，所以我們看見我們認為過當的事物，我們不知不覺地聯想到賣弄……」

也就是說，「這一個東西裡一定有……太過火的成分，不論在形式上還是在內容上。這個成分的本身也許是好的，不過，假使這個人認為過多了（too muth of a good thing），包含這個成分的整個東西就要被判為俗氣。」

「俗氣不是負面的缺陷（default），是正面的過失（fault）。」俗氣了的「他們不反對風

雅，他們崇拜風雅，模仿風雅，自以為風雅」。❶

莫言小說裡，不少地方既過量，又過度，認為「我是一個出身底層的人，所以我的作品中充滿了世俗的觀點，誰如果想從我的作品裡讀出高雅和優美，他多半會失望……什麼鳥叫什麼調，什麼作家寫什麼作品。我是一個在饑餓和孤獨中成長的人，我見多了人間的苦難和不公平，我的心中充滿了對人類的同情和對不平等社會的憤怒，所以我只能寫出這樣的作品」❷，這就不忠厚，顯得有點狡辯。

世俗不世俗、高雅不高雅、優美不優美，與作家的出身高低、饑餓孤獨、同情憤怒等，是沒有多少必然瓜葛的。莫言覺得有聯繫，那不過是強詞奪理。強詞奪理了而不知，不少嘗試難免「俗氣」、「小氣」。

例子之一：莫言小說裡有些語言，自以為「我真是才華橫溢，出口成章，滔滔不絕，而且合轍押韻」❸了，其實存在不少問題，有華而不實、擺虛架子之嫌。

比如上面這句「才華橫溢，出口成章，滔滔不絕」，三個成語指意相同或相近，碼在一起，比較囉嗦。

至於其他，我們不妨先來看看他對殺人主題的研究與過度描述。

《紅高粱》中，日本鬼子逼孫五為羅漢大爺剝皮那一節，尚只是初露頭角、新試鋒芒，只寫剝皮過程本身，沒有什麼餘墨閒情去把玩、考證。

但即便簡練成這樣，在當時也是比較刺激，頗多爭議的。

孫五……提起水桶，從羅漢大爺頭上澆下去……把羅漢大爺擦洗得乾乾淨淨……孫五的刀子在大爺的耳朵上像鋸木頭樣鋸著。羅漢大爺狂呼不止，一股焦黃的尿水從兩腿間一躥一躥地滋出來……孫五把羅漢大爺那只肥碩敦厚的耳朵放在瓷盤裡。孫五又割掉羅漢大爺另一只耳朵放進瓷盤裡。父親看到那兩只耳朵在瓷盤裡活潑地跳動，打擊得瓷盤叮咚叮咚響……

莫言作品外文版

❶ 錢鍾書：《論俗氣》。《人生邊上的邊上》，三聯書店二〇〇二年。
❷《饑餓和孤獨是我創作的財富》。
❸ 出自《饑餓和孤獨是我創作的財富》。

孫五彎下腰，把羅漢大爺的男性器官一刀旋下來，放進日本兵拖著的瓷盤裡……日本兵把瓷盤放到狼狗嘴下，狼狗咬了兩口，又吐出來。

羅漢大爺淒厲地大叫著，瘦骨嶙峋的身體在拴馬樁上激烈扭動。

孫五扔下刀子，跪在地上，號啕大哭……孫五操著刀，從羅漢大爺頭頂上外翻著的傷口剝起，一刀刀細索索發響。他剝得非常仔細。羅漢大爺的頭皮褪下，露出青紫的眼珠，露出了一棱棱的肉……不成形狀的嘴裡還嗚嚕嗚嚕地響著，一串一串鮮紅的小血珠從他的醬色的頭皮上往下流。孫五已經不像人，他的刀法是那麼精細，把一張皮剝得完整無缺。大爺被剝成一個肉核後，肚子裡的腸子蠢蠢欲動，一群群蔥綠的蒼蠅漫天飛舞。人群裡的女人們全都跪倒在地上，哭聲震野。

在一次回答記者提問時，莫言曾說寫這次凌遲場面時的最大遺憾，並不是如眾人認為的那樣，太過分了，日本鬼子在中國犯下的滔天罪行，只會有過之而無不及，他只覺得寫作時還不夠冷靜，篇幅也太短。❶

他念念不已，總算逮住機會，把它做到極致，真正當它是門「手藝」，來「冷靜」地、津津樂道地、長篇累牘地、入微入裡地進行了一次集中爆發性的長篇描寫。

這裡有了專職的劊子手，這個劊子手便是《檀香刑》裡的殺人狀元趙甲。他從戊戌六君子、劉光第等人，一直殺到它的「餘黨」錢雄飛。

趙甲……將身體閃電般地轉了半圈，劉光第的頭顱，就落在了他的手裡……趙甲舉著劉頭，按照規矩，展示給台下的看客。台下有喝彩聲，有哭叫聲……劉大人的頭雙眼圓睜，雙眉倒豎，牙齒錯動，發出了咯咯吱吱的聲響……劉大人的眼睛裡，迸出了幾點淚珠，然後便漸漸地黯淡，彷彿著了水的火炭，緩緩失去了光彩。

趙甲放下劉光第的頭。看到死者臉上表情安詳，他心中頓時安慰了很多。他默默地叨念著：劉大人，俺的活兒幹得還夠俐落，沒讓您老人家多受罪，也不枉了咱們交往了一場。

錢雄飛……當處五百刀凌遲之刑。

為了讓他死得完美，特意從刑部大堂請來了最好的劊子手……趙甲……

錢的掩飾不住的恐懼，恢復了趙甲的職業榮耀。他的心在一瞬間又硬如鐵石，靜如止水了。面對著的活生生的人不見了，執刑柱上只剩下一堆按照老天爺的模具堆積起來的血肉筋骨。他猛拍了錢雄飛的心窩一掌，打得錢雙眼翻白。就在這響亮的打擊聲尚未消失時，他的

❶賀立華、楊守森編：《莫言研究資料》，作家出版社二〇〇一年。

右手，操著刀子，靈巧地一轉，就把一塊銅錢般大小的肉，從錢的右胸脯上旋了下來。這一刀恰好旋掉了錢的乳粒，留下的傷口酷似盲人的眼窩。

……起碼是在這一刻，我不是我，我是皇上皇太后的代表，我是大清朝的法律之手！

他將手腕一抖，小刀子銀光閃爍，那片紮在刀尖上的肉，便如一粒彈丸，嗖地飛起，飛到很高處，然後下落，如一粒沉重的鳥屎，啪唧一聲，落在了一個黑臉士兵的頭上，那士兵怪叫一聲，腦袋上彷彿落上了一塊磚頭，身體搖晃不止。

按照行裡的說法，這第一片肉是謝天。

一線鮮紅的血，從錢胸脯上挖出的凹處，串珠般地跳出來。部分血珠濺落在地，部分血珠沿著刀口的邊緣下流，濡紅了肌肉發達的錢胸。

第二刀從左胸動手，還是那樣子乾淨俐落，還是那樣子準確無誤，一下子旋掉了右邊的乳粒。現在錢的胸脯上，出現了兩個銅錢般大小的窟窿，流血，但很少。原因是開刀前那猛然一掌，把錢的心臟打得緊縮起來，這就讓血液循環的速度大大減緩了……

趙甲從錢身上旋下來的第二片肉摔在地上，按照行裡的說法，這是謝地。

當趙甲用刀尖紮著錢肉轉圈示眾時，他感到自己是絕對的中心，而他的刀尖和刀尖上的肉是中心裡的中心。上至氣焰熏天的袁大人，下至操場上的大兵，目光都隨著他的刀尖轉，更準確地說是隨著刀尖上的錢肉轉。錢肉上天，眾人的眼光上天；錢肉落地，眾人的眼光落地……

他用一塊乾淨的羊肚子毛巾，蘸著鹽水，擦乾了錢胸上的血，讓刀口猶如樹上的嶄新的砍痕。他在錢的胸脯上切了第三刀……第三刀下去，露出的肉茬兒白生生的，只跳出了幾個血珍珠，預示著這活兒有了一個良好的開端，這令他十分滿意……他把第三片肉甩向空中，這一甩謂之謝鬼神……

甩完第三片肉他回手就割了第四刀。他感到錢的肉很脆，很好割。這是身體健康、肌肉發達的犯人才會有的好肉……

趙甲割下第五十片錢肉時，錢的兩邊胸肌剛好被旋盡……錢的胸膛上肋骨畢現，肋骨之間覆蓋著一層薄膜，那顆突突跳動的心臟，宛如一隻裹在紗布中的野兔。他的心情比較安定，活兒做得還不錯，血脈避住了，五十刀切盡胸肌，正好實現了原定的計畫。讓他感到美中不足的是，眼前這個漢子，一直不出聲號叫。這使本該有聲有色的表演變成了缺乏感染力的默劇……

他低頭打量著錢的那一嘟嚕東西。那東西可憐地瑟縮著，猶如一隻藏在繭殼中的蟬蛹。他心裡想：夥計，實在是對不起了！他用左手把那玩意兒從窩裡揪出來，右手快如閃電，嚓，一下子，就割了下來……錢連聲號叫，身體扭曲，那顆清晰可見的心臟跳動得特別劇烈……他硬著頭皮彎下腰去，摳出錢的一個睾丸……一刀旋下來。第五十二刀，他低聲提醒已經迷糊了的徒弟。徒弟用哭腔報數：「第……五十二……刀……」

……他操刀如風，……那些從錢身上片下來的肉片兒，甲蟲一樣往四下裡飛落。他用兩百刀旋盡了錢大腿上的肌肉，用五十刀旋盡了錢雙臂上的肌肉，又在錢的腹肌上割了五十刀，左右屁股各切了七十五刀。至此，錢的生命已經垂危，但他的眼睛還是亮的。他的嘴巴裡溢出一團團的泡沫，他的內臟器官失去了肌肉的約束，都在向外膨脹著。尤其是他的腸胃，就如一窩毒蛇裝在單薄的皮袋裡蠢蠢欲動。趙甲直起腰，舒了一口氣。他已經汗流浹背……為了成就錢雄飛的一世英名，為了刑部大堂劊子手的榮譽，他付出了血的代價……

當他舉起刀子去剜錢的右眼時，錢的右眼卻出格地圓睜開了。與此同時，錢發出了最後的吼叫。這吼叫連趙甲都感到脊樑發冷，士兵隊裡，竟有幾十個人，像沉重的牆壁一樣跌倒了……刀子的鋒刃沿著錢的眼窩旋轉時，發出了極其細微的「嘶嘶」聲響……❶

我們難得親眼看見殺人，莫言自己也沒有見識如何來殺人。「文革」時期打死過一些，那也不是割頭，更不要說凌遲了。文字上敢這麼詳細而不厭其煩地進行殺人描寫或記載的，中外古今，怕都獨一份。莫言要的就是這個獨一份，至於神經衰弱一點的，讀到這些精緻的敘述會不會無法欣賞，會不會暈倒，那就無所謂了。不過，它們確都是存在過的。

中國古代最發達的文化之一，就是發明了一系列的酷刑及逼供理論。人類第一部製造冤獄的經典，正是我們先人所寫的《羅織經》❷。針對犯人所用的刑具，同樣五花八門。有的起名美麗香豔，如「鳳凰展翅」❸、「玉女登梯」❹等。有的名字本身就叫人不寒而慄。如唐時僅枷一項就有「定百脈」、「喘不得」、「突地吼」、「失魂膽」、「死豬愁」、「求即死」等叫法，聽聽就能心驚肉跳。

為什麼在這方面的發展，我們會如此畸形地發達呢？

原因概在中國法律的好壞，一向不能看它的「法條」如何如何，從條文看，興許我們早就是現代意義上的法治國家了，其實不然。

我們的皇權意識大於一切、高於一切，有了它，就無了「人權」，執法時不重視證據、事

---

❶《檀香刑》。
❷由唐時武則天的親信酷吏來俊臣著寫。
❸手足綁在短木上，紐絞住雙臂。
❹人在高高的梯子上，脖子上栓繩子，或窒息或跌下摔死。

實與訴訟，只求「口供」，於是酷刑洶洶，逼打成招，變成「欲加其罪，何患無辭」。

不過，《檀香刑》的作者既不關心「打」，也不關心「招」，更不關心中國人、德國人的「人權」問題，他的思想裡可能從未形成什麼現代人權與法權意識，只好對「罪犯」的處罰，即在實施酷刑時的場面、細節上，過多地作了重視與描述。

和作者在《紅高粱》裡的表現一樣，莫言寫作時露出了令人難以置信的冷靜，從某個角度說，他簡直就是在欣賞、玩味殺人的每一步動作，真把它當成了一門「藝術」，可以傳之不朽。那情形一點不像片殺人肉，倒像是宰豬、殺羊、剝狗皮❶。

中間穿插寫到殺人和凌遲這行古來就有的許多規矩，如何才殺得恰到好處、臻於一流以及新手練殺的方法等。同時，他還把這個在刑部執法四十年、一生殺過近一千人的「劊子手」以往所殺的那些人與這次所殺的，比較了肉質的次劣。

如此講述，比起《紅高粱》裡的乾乾巴巴，就多出來不少「文化」與味道。

當然，無論是殺劉光第，還是殺錢雄飛，他們在全書中，只算得鋪墊、穿插，莫言真正著重想寫的，是對正角兒孫丙的執刑。

孫是因德國人鋪鐵路，占了布衣百姓的祖墳，帶頭鬧事，打死德國人，驚動「老佛爺」慈禧與皇上等人後被判刑，由袁世凱當主斬官處死的。

換在今天，我們不也有許多工程由外國人獨立、合資建設或設計的嗎？

單憑這事，很難說百姓的行為就是愛國、抗擊外國侵略者，而未犯罪。關鍵看德國人修鐵路幹什麼用。

如只是想把我們的資源任意拉到海邊上，再拿船運回他們的國家，那就是真侵略。百姓奮起反抗，是義舉。

如果是幫我們發展現代交通，那麼，德國人非但沒有侵略，而且很友好，現在你只為祖墳就打死人，那自然犯了罪，得償命。

作者沒有交代，我們不知道誰是誰非。

而且，孫丙等人所殺的不是德國兵，而是鐵路技術員，這就使他們殺人的目的，變得似乎不大可取，起碼不再像《紅高粱》裡的「我爺爺」領導的武裝部隊殺日軍那樣，來得理直氣壯，可歌可泣。

因此，朝廷動怒，把帶頭鬧事的孫丙處以凌遲，不需訴訟與口供，雖然不符合現代意義上

❶莫言說自己從未見過殺人、凌遲，但親手剝過一張兔子皮。

的法律程式，極不人道，但很難說他們不該判孫丙死刑。

可見，孫丙的死和趙甲的殺，其意義不可能像孫五在日軍的槍刺威逼下處死羅漢大爺那樣讓人悲憤、仇恨。兩者的死與殺，其價值也是無法同日而語的。

小說末幾章，莫言繪聲繪色寫到的，便是怎樣處死孫丙的一系列預先計畫的細節和執刑前後的緊張過程，以及人物的心理陳述等。

這次的動刑，也像許多人見過的剁豬的先「預熱」、再鼓搗一樣，看似從所未見，其實適當聯想，聯想到雞鴨魚鳥、豬狗牛羊，許多人都親自動過手，就知道類似的情節自己可能親眼見過了。

俺看到檀木橛子在俺的敲擊下，一寸一寸地朝著俺岳父的身體裡鑽進。油槌敲擊橛子的聲音很輕，梆——梆——梆——咪嗚咪嗚——連俺岳父沉重的喘息聲都壓不住。

隨著檀木橛子逐漸深入，岳父的身體大抖起來。儘管他的身體已經讓牛皮繩子緊緊地捆住，但是他身上的所有的皮肉都在哆嗦，帶動得那塊沉重的松木板子都動了起來。俺不緊不慢地敲著——梆——梆——梆——俺牢記著爹的教導：手上如果有十分的勁頭，兒子，你只能使出五分。

俺看到岳父的腦袋在床子上劇烈地晃動著。他的脖子似乎被他自己拉長了許多。如果不是親眼所見，實在想不出一個人的脖子還能這樣子運動：猛地一下子抻出，往外抻——抻——抻——到了極點，像一根拉長了的皮繩兒，彷彿腦袋要脫離身體自己跑出去。然後，猛地一下子縮了回去，縮得看不到一點脖子，似乎俺岳父的頭直接地生長在肩膀上……俺的手拿不準了……一槌子悠過去，這一槌打得狠，橛子在爹的手裡失去了平衡，橛子的尾巴朝上翹起來，分明是進入了它不應該進入的深度，傷到了孫丙的內臟。一股鮮血沿著橛子刺刺地竄出來。俺聽到孫丙突然發出了一聲尖厲的嗥叫，咪嗚咪嗚，比俺殺過的所有的豬的叫聲都要難聽……

孫丙的嗥叫再也止不住了，他的嗥叫把一切都淹沒了。橛子恢復了平衡，按照爹的指引，在孫丙的內臟和脊椎之間一寸一寸地深入……

爹讓俺用小刀子挑斷了將孫丙綁在木板上的牛皮繩子，繩子一斷，他的身體一下子就漲開了。他的四肢激烈地活動著，但他的身體因為那根檀木橛子的支撐，絲毫也動彈不了。

從孫丙的眼睛到孫丙的嘴角，從孫丙的鼻孔到孫丙的耳朵，從孫丙肩頭上流膿淌血的傷口，到他裸露的胸脯上結痂的創傷……那些卵塊在一眨眼的工夫就變成了蛆蟲，蠢動在孫丙身上所有潮濕的地方……散發著撲鼻的惡臭，還散發著逼人的熱量……更多的血和膿流出來，更多的臭氣散發出來……從他的嘴裡發出了一聲接一聲的令人頭皮發緊、脊背發冷的呻

吟。❶

對一個問題，我一直很蒙：誰想得出兩個執刑的「劊子手」，居然是「罪犯」孫丙的親家和女婿嗎？

他的女婿或許有點呆，但在有些方面其實很精明，小說裡有所描寫，既然這樣，那他惟獨對丈人用刑時，就徹底呆了，再不在意了，心裡沒有猶豫、動搖、畏怯，可信嗎？呆人許他行刑嗎？

為使我們相信劊子手不管殺人對不對，只管按所吩咐的方式殺人，殺得心安理得，把活兒依要求做好，做好了不僅無罪感，而且很自豪，作者又特意說出了道理，實際是在向我們作必要的解釋——起碼他是把它們當做解釋的。

小的下賤，但小的從事的工作不下賤，小的是國家威權的象徵，國家縱有千條律令，但最終還要靠小的落實……只要國家存在，就不能缺了劊子手這一行。眼下國家動亂，犯官成群，盜賊如毛，國家急需手藝精良的劊子手。

幹咱這一行的，一旦用白公雞的鮮血塗抹了手臉後，咱就不是人啦，人間的苦痛就與咱無關了。咱家就是皇上的工具，咱家就是看得見摸得著的法律。

孫丙忍受了這樣的酷刑，他已經成了聖人……多活一天就多一份傳奇和悲壯，就讓百姓

們的心中多一道深刻的印記，就是在高密的歷史上也是在大清的歷史上多寫了鮮血淋漓的一頁……❷

但是，中國人的親情勝於血，輿論很可怕，倫理講迴避，女兒的公爹和丈夫不加迴避，親自操刀，把親爹殺了，如此冷靜，如此從容，如此專注，如此順當，只出過一小點差錯，誰信？

況且，這麼大量地描寫殺人的過程細節，意義何在？為把人物形象打造得更加豐滿？為可更見得我們歷史與文化的黑暗、畸形？也為把自己的才氣和想像力發揮得淋漓盡致？

這都不失為一個大的創作策略，但它又是以人物的形象失真和歷史失真為代價的。

從小說內容上看得出，作者的確收集來了不少的歷史資料與故事傳奇，進行過認真的研究，寫到這裡時，他的聰明就全用在對如何殺人的身臨其境般的描寫上了。劊子手也從孫五那

❶《檀香刑》。

❷《檀香刑》。

樣的「不像人」下跪變成了法的象徵，國家的榮耀……核子在此，那麼，它的「愛情」發生過程的莫名其妙，在某些唱詞唱腔上的過於氾濫浮誇，就都不足為怪了。

莫言的又一個走到極端的話題是兩性關係。他尤其願意表達女性人物情欲的裸露狀態。《紅高粱》裡的「我奶奶」尚不很分明，到《檀香刑》時，終於有了個女主角眉娘，和縣太爺錢丁掛上，弄得滿城風雨，公開地有傷風化。

這情感故事就不再像發生在古時有條件妻妾成群的知縣大老爺與民女之間，倒更像現今一夫一妻制下的村兒裡作威作福的村長與民婦偷情。

具體描寫時，表面上作者想把眉娘寫成情欲「解放」了的主兒，實際效果上整個兒玄虛不實，矯情做作，不可信，不可愛。

他是把「歷史」當現實（今史）來寫嗎？是把偷情合法化嗎？還是想描寫一個情欲「解放」了的少婦形象，以加強故事的可讀性與吸引力？

可是一味追求可讀，莫言再一次傷害了歷史的真、人物性格心理的真。

進而，為能以假亂真，作者把班主之女，一個精靈尤物，硬是莫名其妙地許給了一個形同孤兒的呆瓜。她就有了不得不偷情的基礎，時時、次次主動出擊，上門為那個大齡的縣令獻出肉身。

難道這就是可歌可泣的「愛情」？他們哪一樁哪一件能夠般配、相互吸引？到底是肉欲在驅使、作用，還是「愛情」結晶？

莫言只注重故事的曲折離奇本身，丟捨其餘。這是很可惜的事。

莫言還大量地寫酒文化，涉及《百年諾貝爾文學獎和中國作家的缺席》作者所提及的「酒神精神」。

他從《紅高粱》電影的走俏、走紅裡受到啟發，從尼采、《聊齋》和一些評論家那裡得到靈感，想在酒上大做一番文章，便寫出一部神神道道的《酒國》。象徵社會很黑，貪官吃人。

莫言成長時的阻力

莫言對自己的「走極端」、「寫極致」、「審醜」、「非理性」等非議是這樣辯解的：

我很不願讓自己的思維納入「理性」的軌道，但長久不「理性」又有被人猜測為「精神變態」的危險，我不得不按照批評家們的教導來「理性」、來「節制」，果然是把「狂氣」和「雄風」收斂了。我多麼願意成為一個被文學權威們視為掌上明珠的、不異端的好作家⋯⋯

……但到底不行，正所謂「烏鴉叫不出畫眉聲」。❶

當代中國，除了農民意識還有什麼別的更先進的意識嗎？既然沒有，那麼，農民意識中那些正面的、比較可貴的一面，就變成了我們作家、起碼是我個人賴以生存的重要的精神支柱。這種東西我在《紅高粱》裡得到比較充分的發揮……我痛恨天下地上的一切神靈。在我們這個很獨特的社會裡，我們一味地歌頌真善美，（但它們）能不能準確地表現出我們社會的面貌來？有人說我是現代派作家……我認為我是一個最現實的作家。我所有的作品都充滿了非常濃郁的現實主義的氣息……每個人身上都潛藏著很多獸性。

我為什麼覺得應該把醜寫得淋漓盡致呢？就是為了張揚個性。我們曾經有過長期的造神運動……現在，我們的思想解放運動一個最起碼的低層次上的起點，就是敢褻瀆所有的神靈，打破一切價值和標準。而任何道德價值都是歷史的產物，有它進步的一面，也有它缺陷的一面，所以我們對所有的道德價值都要重新評價……

作家應該……從全人類的高度上來拯救人類，從文化心理上來療救我們的民族，這是非常艱巨的任務，從魯迅以來一直在做這個工作，不斷地暴露我們民族性格中那種懦弱的、軟弱的、黑暗的一面。我覺得魯迅最缺少的是弘揚我們民族意識裡光明的一面。一味地解剖，一味地否定，社會是沒有希望的……我們民族之所以還有希望，在中國發展得唯一健全的意

識裡恰恰是農民意識，我們不把農民意識光明的一面弘揚起來，那社會是沒有發展前途的。❷

這裡面有幾層意思。除了對人所批評的要「理性」、「節制」莫言頗感無能為力外，其他理由都有它自身的道理。

針對其中的有些道理，我們不妨來分析分析，看看它們究竟能不能說得通，成不成立。

首先，農民意識中「光明的一面」包括哪些內容？

如果猜測不錯，那還是《紅高粱》裡寫到過的「張揚個性」或「酒神精神」。

單單發揚它們就夠嗎？它們就不是「神靈」、不是「價值」嗎？

既然你要「打破一切價值和標準」以及「神靈」，那麼，憑什麼不對它們「重新評價」？憑什麼自己贊同的是「價值和標準」，自己不贊同的不是「價值和標準」。

這會不會以偏概全？

二者一定又不能獨存，總要直接附會在某個人身上，從而間接附會於環境、社會等外部系

❶《我痛恨所有的神靈》。轉自張志忠：《莫言論》。社會科學出版社，一九九〇年。

❷《莫言研究資料》。

統上。那麼，這系統是什麼？系統內部有哪些組成元素？這些元素面臨到一個不僅有待「重新評價」的問題，而且面臨一個「重新組合」的問題，而「重新評價」、「重新組合」後，我們就能確保它們不是新的「神靈」嗎？誰說你贊同的就一定正確呢？

舉一例：作為軍隊培養出來的優秀作家，莫言對戰爭的「評價」就有待商榷。他再三再四地強調：「戰爭中的罪惡應該由發動戰爭的人來負責，戰爭引起的麻煩應該由政治家解決。至於人民，不應該負任何責任，因為大家都是受害者。」❶如果因「大家都是受害者」而不必負責，那麼，即使是發動戰爭的人，那也可能不要負責，他們有時並不那麼有意，政治人物多數時候也是走一步看一步，並不能完全左右局勢，自己不免成為「受害人」，即使希特勒這樣的，後來也被自己挑起的侵略戰消滅，在他是始料未及的，更不是他願意看見的。

亂世出英雄，各個草頭王火拼，草頭王許多並非得益者，有時候一個本來的小人物，成了最後的大贏家，收了個滿貫。「發動戰爭的人」不容易找。「不發動戰爭的人」有時也很惡。

何況還有那些專打著「為民請命」旗號，鼓吹戰爭、號召戰爭的痞子與流氓呢？「發動戰爭的人」由誰裁判？時間、歷史。這些很多時候帶有滯後性，發動者總會祭立正義的大旗，為自己辯護，維護自己。

不單戰爭，不少運動裡的人，都深受「運動」之害，多數都有所參與、推動，害人，為人所害，不少的精英都充當「槍手」、「打手」，整倒他人後，被人整倒，那麼，誰來負責？面對種種惡勢力，有時即使是保持沉默，那都意味著犯罪。

高爾基、羅素、薩特等人，都被他們的政府視為過「敵人」，不再當做「人民」對待，但他們沒有沉默，其精神火炬光照千秋。我國歷史上，那些著名了的，有多少見諸言行？

為莫言敬服的巴金老人，不是也等大家都能說話後，才出來懺悔、反思的嗎？多少的反思和懺悔還那樣浮皮潦草，缺乏必要的深度，比起高爾基、帕斯特納克、索忍尼辛，自可找到差距。

莫言只「痛恨所有的神靈」，猶如「文革」時的「對敵人要像秋風掃落葉」一樣，目標抽象，差不多等於無所指。

回頭會發現，他的「張揚個性」或「酒神精神」，都是西來名詞，中國本土向來缺乏。

《紅高粱》中「我奶奶」和余司令身上，嚴格說也都不具備這樣的精神，他們表露出來

❶ 出自《不是冤家不碰頭》。

的，只是我國歷史上司空見慣的「遊民」或「流民」❶意識，傳達的也是一種「遊民文化」、「遊民精神」，與現代意義上的「張揚個性」或「酒神精神」，相差十萬八千里。

前者奉行「有奶便是娘」，只要目的、不問手段的「流氓」策略；後者嚴格規定了道德的、法律的底線，奉行「己所不欲，勿施於人」的原則，在此基礎上，張揚自我。

莫言混亂了人類必須遵守的必要底線，認為只要是「打破一切」的，那就是好的，實際上為流氓、資本的橫行霸道，撕開一道口子。

這並非其初衷，一個文人也不可能引領整個時代，莫言本人也未做過什麼壞事，相反，他為人極好，崇高可敬。這裡分析的只是「理」，它的產生有著廣泛的基礎，是「民意」的部分，解析民意誤區，認識才能有所提高。

反映到作品裡，余司令那樣的土匪猖獗猖狂、無法無天，就不能忽視。他的「張揚個性」、「酒神精神」，完全值得我們警醒或警惕。

莫言自己無法加以辨識，情有可原，他當時年齡不大，學識不夠，是能力原因，而非口是心非。

他的教育與閱讀、閱歷，尚未幫他確立真正意義上的現代人精神。其作品裡的「理想主義」多半是空缺的。

諾貝爾曾留下遺願，說自己的文學獎應贈給「文學家，他曾在文學園地裡，產生富有理想主義的最傑出的作品」。

從這方面說，莫言的「理想主義」究竟在哪裡呢？

他的生命力和「酒神精神」，都是些提不起來的零碎。

這興許說得有點苛刻，但長期物質、精神上的赤貧狀態，確乎使他那代人，更多地停留在較低層次的思維水準上。

二〇〇〇年，我的同學曾問他，如果你拿到諾貝爾獎，那一百多萬美元的獎金，想怎樣花，莫言答道，要拿它買一座大房子，帶洗澡池子的，能每天在裡面搓澡。當時我們以為他只是說話幽默，開開玩笑。

兩三年後我寫了散文《半夢半醒說書房》，讚歎莫言家的書房很不錯，寫作環境讓人羨慕，要是我能有他那樣的書房，也就滿足了。莫言知道後說他的書房終年不見陽光，哪裡值得

❶「流民」有別於「農民」，前者有著很大的流動性，無恆產，無恆業，以燒殺搶掠為業，最典型的例子如土匪以及劉邦、朱元璋等開國者。

羨慕。我這才發現自己的見聞太少，觀察也不夠。現在看多了新房子、大房子，回頭再看莫言的房子，確實不大，書房也很小。

在網上看到金庸的書房，一層樓，正對著香港維多利亞港灣，書架上全是書，那才是真帶勁，莫言那個和他的根本不可比。

二〇一二年十月，莫言獲得諾貝爾文學獎，記者又提出這個問題，莫言的回答仍是要在北京買房子，我相信這是他最迫切的需求。不過獎金下跌，北京的房價飆升了十倍，二〇〇〇年的一千萬，在北京買個帶洗澡池子的大房子不難，二〇一二年的八百萬，就只能買一百多平方米的了。

這從某個側面，透露出作家生活的窘迫，限制了作家奮飛的空間。

莫言又說，作家不能太富有，樂於坐享其成，寫作就缺乏動力了。

這是實際的，也是讓他精神沉著的原因。

同樣當過兵的作家劉震雲，在中國現代文學館說起莫言的一樁事，讓我久久難忘，無比之動容。

他是這樣說的：

莫言在部隊比我混得好，他都混上了軍官，我是當了幾年兵就復員了。有一次他告訴我說，其實很簡單，一般當兵的，都是連長在的時候，或者排長在的時候趕緊掃地。他說我呢，是在連長不在的時候掃地。他說我們那個連的廁所都是我掏的，我專門趁他們不在的時候掏。但時間長了，他總有一天會知道，知道了就覺得這個孩子特別的憨厚、可靠，所以就能提幹。我覺得他在部隊的收穫比我大啊。❶

這段話十分傳神地描畫出「早熟」的莫言，適應外界環境的機心、「智慧」與聰明，以及在那段特定環境下，在嚴酷的競爭和「災難」面前，精神的扭曲，靈魂的變形，充滿無奈。

卑微者要想出人頭地，需要付出他人不可想像的代價。有時候即使肯付出，也不一定有所獲。

同樣，上學、就業、當兵和出道之初，他也實施過一些「策略」，這都是一些「必然」的、邏輯上的延伸。

如：

我當著一個同學的面說學校像監獄、老師像奴隸主、學生像奴隸，學校就給了我一個警

❶舒乙等主編：《在文學館聽講座·歷史的圈套》。中國社會科學出版社二〇〇二年。

告處分……出了這件事後，我就成了學校有名的壞學生。他們認為我思想反動，道德敗壞……為了挽回影響，我努力做好事，幫著老貧農家挑水，但我的努力收效甚微，學校和老師認為我是在偽裝進步。❶

鄭紅英說：「上邊有指示，從今之後，『地富反壞右』的孩子一律不准讀書，中農的孩子最多只許讀到小學……」就這樣，我成了一個人民公社的小社員……我得罪了鄭紅英……斷送了我自己的前程……一九七三年，託我叔叔的面子，我進了縣棉花加工廠……進廠登記時，我虛榮地謊報了學歷，說自己是初中一年級……一九七六年，我終於當了兵，填表時，我大著膽子，把學歷填成了初中二年級……在填寫入團志願書時，我就把自己的學歷提升到高中一年級。以後所有的表格，都是這樣填了。❷

當時的農村青年，要想脫離農村，除了上大學之外，還有一條出路就是去當兵……對一個中農的兒子來說，當兵在某種意義上比被推薦上大學還難。從十七歲那年開始，我每年都報名應徵，但到了中途就被刷下來。不是身體不合格，是家庭出身不合格……天無絕人之路，一九七六年徵兵時節，村子裡的幹部和幾乎所有的社員都……挖膠萊河……我那時在棉花加工廠，沒去挖河……正好公社武裝部長的兒子也在棉花加工廠當臨時工，我知道他父親手中的權力對我多麼重要，平時就注意團結他。徵兵開始，我就給他父親寫了一封信，讓他

送了去……混進了革命隊伍。❸

他說他對養花養草很感興趣，也喜歡養石頭。又一次進城時，我背去了兩塊大石頭，足有八十斤……後來我又寫了一組短小的水鄉小說，毛老師說很有孫犁小說的味道，於是他就帶我到白洋澱去體驗生活。❹

我非常關注同行們的創作。前些年年輕時，出於一種古怪的心理，我曾經撒謊說不看同時代作家的作品，好像那樣就顯得不同凡響。現在我已經四十多了，應該努力做一個坦率的人……做一個坦率的人是為了夜裡不失眠……❺

出道的時候，最無助的時候，最需幫助的時候，莫言總是在努力表現，以驚人的毅力等待時機，敏銳地抓住每一點機會，哪怕用到一些不太光彩的手段，只要不害人，只要幫助他的人舉手之勞，那就無可厚非。

現在的莫言紅得發紫，想做一個謙虛和坦率的人，已經不成問題。為使自己心安、進步，

---

❶《我的老師》。
❷《我的中學時代》。
❸《我的大學》。
❹參見《從蓮池子到湖海》。
❺《我想做一個謙虛的人》。

他想說一點真話——除非那真話是不能說、說不得的。

回頭想想，其中可悲。

像他這種身份的人，做這些事也得「想」才做，那做起來確乎不易。這背後也就不光是環境畸形、精神扭曲等理由簡簡單單就能說清的。

為什麼他開始時不太「想」呢？自我保護的需要？

在這麼一種環境下，競爭慘烈，份額都是有限的，一個人多占一份，另一人必然少一份，爭取一個機會，別人就少去機會。

他最初想報考解放軍藝術學院文學系，由於晚來，已過了報名的時間，總參系統的名額只有兩個，他憑著自己的作品，受恩師徐懷中賞識，特批後破格錄取，擠走的那一位呢？潛力或許有，只不過不太走運，從此被擠到另一條路上。從那個人的角度來說，這種「破格」，也是「不公平」的啊。

當然，我不是說莫言不該「破格錄取」，而是說在畸形的年代裡，我們埋葬掉的天才太多，機會、出路那麼少，真正跑出來「打造」人類靈魂的作家們，卻禁忌自己。

對於莫言這樣的著名人士，我們的期待當然更多，雖然說他有自己的選擇權。選擇「莫言」，是其權力的體現，他的父親就告誡他，為免惹禍，少說為妙。

這是千年以來中國人的生存哲學。莫言繼承了這樣的哲學，實用、好用。在他人生的每一階段，面對自己需要突破的東西，其採取的方略一以貫之。說明莫言超強的適應環境的生存力、應變力，從而在本質上，也就規定住他是一個比較安分的「良民」。

賈平凹曾在《病相報告．後記》❶中，說出自己對文學——主要是對小說的看法，認為文學可分主流的、閒適的和分析人性的三類。我們的傳統裡只有前兩類：一者歌頌或揭露批判。歌頌則受人鄙視，批判則後世敬重，尊一聲「X聖」。但無論迎合還是叛逆，緊跟政治與潮流的作品，都不可久。這就有了另一類，即性靈化地生存，享受人生，幽思玄想，清心寡欲，作文啟人心智，後世稱一聲「X仙」。第三支的「分析人性」，在國外很發達，國內目前還不成氣候。「先鋒」作家多所為之。

對照看莫言，我們發現，他的作品一般都是藉故事進行直接的批判，力圖寫出各式各樣的人的表現、作為，但往往以故事害人性，使內容的真實性蒙受傷害。不少的作品缺乏可信的人性與思想深度。

❶上海文藝出版社，二〇〇二年。

也許直覺到了這點，他的靈魂才永遠在掙扎，在無所寄託時作文，狂風席捲，這種「狂」透露出一種扭曲的愛美、求真、向善的心態，它是一個唯有赤子化、童真化的人，才離不開的臆想的世界。

作為作家的莫言，雖一再聲稱他是「現實主義」作家，但他卻並不「現實」。不現實的人活在人間，往往都是生活的「失敗」者。生活上的「失敗」促進作家的情思之力，化激憤為發憤，以作品的「成功」，來證明自己沒有完全失敗。

這種個性心態，規定了莫言小說的視角——「童心視角」，以能隨心所欲地「憤世嫉俗」、「童言無忌」。

「童」者的身份又使得他所要表述的，似出格，其實並未真的出格，走向人性與思想深處，探明歷史和現實真相。

和這樣的心態相適應，他的語言一貫誇飾、膨脹，有欠簡練與緊湊，有的不很雅致，給人粒粒鼓脹、張牙舞爪的印象。

他曾恭維自己，而不失辛辣諷刺地幽默別人道：「文學是吹牛的事業，但不是拍馬的事業，罵一位小說家是吹牛大王，就等於拍了他一個響亮的馬屁。」❶

不過，「吹牛」有可能使自己忘乎所以，小說不單是講故事，故事很精彩，只要有幾處過分刻意賣弄、斧鑿的句子、情節、細節，就會讓人倒胃口。

莫言的作品很少是可親的，他忍心很足，忍住不流露作者的情感，忍住折磨筆下的人物，哪怕是人仰馬翻，哪怕是片甲不留，他也不放過斬草後又除根。

我至今讀他最受感動的文章，是他寫女人嫁給啞巴的散文，一直推薦給其他朋友看。

他的小說，則很少有叫人動情的。越是往後，似乎也越為冷漠，越是無法測知人物的冷暖。

它們（主要是長篇）多處遠離於正常的生活狀態與人性化的背景環境。評論家李建軍說莫言缺少人道的情懷，缺乏真正的生活和生命體驗，「缺乏心靈的細膩和溫柔」，有時顯得過於隨意，未曾表達出「巴赫金所說的普遍的『世界感受』」——它「要求作家賦予自己的想像以事實感」。以莫言、余華為代表的作家，他們的「想像力不是匱乏的，而是過剩的、任性的、空洞的，缺乏對事實的觀察和瞭解，缺乏對客觀性的尊重。……我們要反對文學上的這種任性的主觀主義態度。」

❶《超越故鄉》。

莫言則強調，他的《檀香刑》具有人道主義精神和「多義性」。

李建軍認為，多義性「指的是審美意味的豐富性，而不是毫無價值指向的混亂和相對主義，因此，如果一部作品基本的情感，本來就是病態的、反人道的，它的思想原本就缺乏可靠的價值支點，就是一團亂麻，那就不是用多義性便可為他迴護和開脫的。『文革』作品的根本問題並不是過度『透明』，而是缺乏對人性的全面的理解和正常的表現。至於那個『起碼的常識』之外，還有一個更為『起碼』的『常識』，那就是作家在塑造人物形象的時候，也在塑造自己的形象，這使我們有理由把小說當做兩個世界的統一體：它既是客觀的物象（就它塑造人物和再現外部真實而言），又是主觀的心象（就它表達作者對生活的理解和對人物的態度而言）；人物的願望和態度當然並不一定就是作者的，但是，一部小說作品裡，也必然表達著作者自己的審美趣味、道德立場和心情態度。因此，我們當然不能說《檀香刑》中的劊子手就是莫言，但是，我們在閱讀過程中，明顯能夠感覺到……他不僅對施暴行為進行虛假的描寫和誇張的渲染，而且還像他筆下的人物一樣，陶醉於對施暴細節和過程的咂摸和品味。我們可以據此斷定，莫言在這部小說中表達的是怪異的、病態的消極快感，而不是溫暖的、具有人性深度的人道主義情感；據此，我們還可以斷定，《檀香刑》中的人物也是莫言任性的想像和怪異的情感的犧牲品：他把人物變成了一個扭曲的影子，變成了一個蒼白的符號」。❶

《生死疲勞》、《蛙》存在的問題，和《檀香刑》相近。

進而，「一部優秀的作品還應具有道德昇華力量，具有思想啟蒙性」，但由於莫言只對生命力有一些透徹的悟性，又使他至今為止的多數重頭作品缺少這個基本的品質。所以，人們批評一個作家作品出現了問題，是批評家的職責所繫，目的純良：指出不足和毛病所在，期待引起關注與改進，對後來者，更是一種警示。

這麼一來，有人就會問了：何以莫言有了如此高的世界性的名望、影響，一次次獲得國外友賓的讚美、獎勵？

我覺得，他的經典集中於那些中短篇小說，他的主要成就在前期都爆發出來了。加之張藝謀拍出影片《紅高粱》，正像張藝謀拍出《活著》後，它的小說作者余華所說的，「《活著》不是突然暢銷的，是慢慢暢銷起來的。我想這和電影肯定是有關係的」；莫言也承認自己之所以被外國人重視，與張藝謀的電影有關，更離不開張的電影在國際上頻頻得獎，產生國際性影響，使國外出版商關注起中國文學。

---

❶ 李建軍《武夷山交鋒記》，《文學自由談》二〇〇六年第二期。

老外們首先通過容易辨識的電影受到震撼，再進入他們的作品就不再困難，很容易把他們的作品理解成那麼大概的一個東西。加之他們對中國人性、歷史、文化、語言、風俗等等的一知半解，恰好可以蓋過本國人一眼所見的問題、漏洞。

比較那位不世出的天才沈從文，他要不是一九八八年初去世，十月的諾獎，據諾貝爾文學獎評委馬悅然說，肯定就是他的。而沈從文除了《邊城》，玲瓏剔透，雄傲千古，找不出一絲雜質，至今無出其右者以外，傳記、散文也是一絕，代表作差不多篇篇是真正的經典。

莫言的作品卻可以挑剔，越長的，問題似乎也越多。

馬悅然在莫言未獲諾貝爾文學獎前，曾在《南方週末》公開自己的意見，大概可以代表諾貝爾文學獎所有評委的意見：「莫言非常會講故事，太會講故事了。他的小說都是很長的，除了在《上海文學》發表的《莫言小說九段》（外）。有一年我在香港，我們在賓館聊天，我說莫言你的小說太長了，你寫得太多了。他說我知道，但是因為我非常會講故事，只要開始了就講不完」（二〇〇五年十月二十日）。

在這裡，馬悅然已經把莫言作品的問題說得很清楚了。

莫言卻回以「我知道」，讓人感覺似乎是指出他的不足沒必要。既然他已經知道，「批評」他幹嘛？

漢學家顧彬（Wolfgang Kubin）是批評莫言較多的人之一。他曾撰寫《中國二十世紀文學史》，被視為一部權威性著作。

當諾貝爾委員會宣佈將二〇一二年的文學獎授予莫言後，德國之聲記者與在北京的顧彬進行了電話連線。顧彬首先表示祝賀，「我為他感到高興，為中國感到高興，為中國文學感到高興。但我的批評依然是有道理的。」他說，「人們在莫言那兒讀到了什麼？必須說，莫言有本事寫出暢銷小說。在中國有許多更好的作家，他們不那麼著名，是因為他們沒有被翻譯成英文，也沒有葛浩文（Howard Goldblatt）這樣一位傑出的美國翻譯家。葛浩文採用一種非常巧妙的方式翻成英文。他不是逐字、逐句、逐段翻譯，他翻的是一個整體。這是歐洲大約從十八世紀以來流行的翻譯方法。也就是說，葛浩文對作者的弱點知道得一清二楚。他把一切都整理好，然後翻成英文，語言比原來的中文更好。他多年來一直這樣做，因而在翻譯市場上取得了令人矚目的成就，也因為如此，這些中國作家的作品被從英文翻譯成德文，而不是從中文翻譯成德文。……他講的是荒誕離奇的故事，用的是十八世紀末的寫作風格。作為中共黨員，他只敢進行體制內的批評，而不是體制外的批評。他講的是整個故事，而自普魯斯特（Proust）和喬伊絲（Joyce）以來，寫現代小說就不能這麼寫了。公平起見，我現在必須說，世界上沒有受眾，德國也沒有受眾還接受詹姆斯．喬伊絲。受眾希望的是荒誕離奇的故事，是人們說的傳奇，裡面有祖父、之後是父親，然後是孫子，一講就是三、四十年。現代小說是以比如說幾年前榮獲畢納西文學獎的奧地利作家瓦爾特・卡帕赫（Walter Kappacher）為代表。他講了一個人的十一天，集中講一個人物。而中國小說家卻不這樣，因為這裡的受眾——德國受眾現在也一樣——希望眼前就像在放一部電影，而不是集中描寫單獨一個中國人的心理。……看過《紅高粱》的人就知道，裡面出現了極力對政權加以讚美的人物，這非常令人難堪。不過，先不說這個。莫言的主要問題是，他根本沒有思想。他自己就公開說過，一個作家不需要思想，他只需要描寫。他描寫了他自己痛苦經歷過的五〇年代的生活以及其他，並採用宏偉壯麗的畫面。但我本人覺得這無聊之至。」

德國之聲問道：「您認為諾獎委員會為什麼會把文學獎授予莫言？」

顧彬說：「公平而言，必須說，過去一再有根本不應該得這項獎的人得了獎。或者一段時間過去後，我們會說，這些獲獎者也許並沒有特別到應該得這項特別的獎。我想，也許是某種政治正確起了作用。他們想，這一次應該是一個『真正』的中國人才行，而不是比如說優秀得多，具有更多更多代表性的北島，他現在拿的是美國護照。……那些小說家——除了為數不多的好的小說家外——講的都只是荒誕離奇的故事。莫言的主要問題是：他在八〇年代是一個先鋒派作家。在我八〇年代的雜誌和文字中，我也是這麼介紹他的。但作為先鋒派作家卻無法盈利。自從市場在中國完全占主導地位以來，人們想的就是，什麼可以在中國賣得好，在西方賣得好。然後人們認識到，如果回到經典的、傳統的中國敘事手法，就像過去三、四百年流行的那樣，就有受眾。也就是說，回到那種敘述者無所不知的敘述手法，不是以一個人為中心，而是以數百人為中心，翻來覆去講男人女人、離奇故事、性與犯罪這些話題，就能夠成功。現在，不僅是中國市場，連美國和德國的市場也被這樣的小說家左右。他們相應也就代表了中國文學。但其實也有完全不同的、好得多的中國文學。」

顧彬的說法姑妄一聽。因為諾貝爾文學獎是獎給一個作家綜合的成就，不是單單獎給某一部作品。

從莫言作品的整體高度看，他獲得諾貝爾文學獎沒有可疑問之處。

問題歸問題，成就歸成就，問題再多，不能抹殺他的文學成就。

歸納這些意見，我們能夠發現，莫言的問題就在於不夠精心，難免粗糙，難免離奇。

他為人詬病的《生死疲勞》，超速完成，再次印證了馬悅然所說「太長了，你寫得太多了」之辭不虛。

即使莫言確信他有《紅樓夢》作者那樣的才情悟性與超凡的描寫能力，能把動物和人類兩界自如打通和穿插，那也應該沉下去打磨幾年，而不是倉促出手，捧出個大傢伙，讓我們僅僅震駭、驚歎於作者的神速和說故事的絕世「天才」。

所以，一部作品出來，可以批評。寫得好，讚美一聲；寫不好，就說不好，要說出哪裡不好。

作者可以反批評，把批評者的論點駁得站不住，而非將批評當「陰謀」。批評一個人固然可以出名，表揚一個人或許更是別有用心，因為那不會得罪人，還能名利雙收。

不許大家批評的，都是唯我獨尊的人，掌權人物製造「文字獄」的目的，就是不想聽批評意見。

作家如果聽不了批評，那肯定寫不出傳揚千秋的經典。

作家甚至同樣有維護正常批評環境和秩序的覺悟，共同維護我們的操守和底線，營造健康、良性互動的文化氛圍。

《生死疲勞》和《紅高粱》存在的問題

莫言的中短篇小說，多數極為出彩，他的長篇則問題很多。《生死疲勞》通常被認為是莫言藝術水準最高的長篇，代表了他的最高成就，我不以為然。我認為代表他最高成就的，依然是中篇小說《紅高粱》。

那麼《生死疲勞》存在一些什麼問題呢？

我認為，論到莫言的會說故事、能玩技巧以及不斷翻出新的花樣，把一個很小的細節，描摹得天花亂墜、奇景連台，敘事飽滿，真力彌漫，那真是聰明絕頂，幹勁很足，但除此以外，莫言的優長，就不太神奇卓著了。說明從《檀香刑》到《生死疲勞》，「先鋒」莫言並沒有取得什麼實質性的「突破」和「進展」，相反他越來越陷於重重迷障裡。

照理說，《檀香刑》寫的是一百年前的清末人生活，作者不太熟悉，構思的人物及其「愛情」故事有一些虛假，缺乏性格上的真實性，那還是有著情有可原的因素的，《生死疲勞》卻是寫一九五〇至二〇〇〇年之間的半世紀風雲，抱負遠大，作者本人又是這段生活的親歷者，應該能夠做得精彩獨到，然而，大概他過於念念於形式了，而使內容大打折扣，整個社會動盪不寧、人物運勢變遷的豐富歷史，在這裡真是浮皮潦草，輕輕帶過去，既無廣度，也談不上生活的深度。看不見這麼多的活受罪對人物心理、精神產生了什麼致命的衝擊、影響，從而感動讀者，發人深省。

沒有彷徨與猶豫，沒有審視和穿透其中、共感悲辛的人文情懷。有的只是像余華那樣的，對於不幸苦難、醜陋行為動作的外部展覽、快慰式暴露。

最後西門屯的老支書洪泰岳，這個承載了舊有並已經被否定掉的價值觀、思想觀、階級觀的典型，為失地不斷上訪，悲壯地做了肉彈，與後來官商一體化的典型西門金龍同歸於盡，死前罵西門金龍與他人「狼狽為奸，在高密東北鄉復辟了資本主義，使紅色的高密東北鄉，變成了黑色的高密東北鄉，你們是無產階級的叛徒，是人民的敵人」。

聯繫到西門豬時代，洪泰岳的數快板，說「到了一九九一年……他（西門金龍）要把全體村民趕出村，把村莊變成帝國主義旅遊場。／他要把萬畝良田全毀掉，建球場，建賭場，開妓院，開澡堂，把社會主義西門屯，變成帝國主義遊樂場。／同志們啊，眾老鄉，手拍胸膛想一想，階級鬥爭該不該抓？……把反動分子一掃光」，贏得「掌聲雷動」，同時認為「文化大革命在毀滅文化的同時也創建了一種文化」，讓堅持搞單幹、三十年不屈服的「藍臉」，一聽到毛澤東死，雙腿馬上彎下，跪在地上，以手捶地，號啕大哭：「毛主席啊……我也是您的子民啊……我的土地是您分給我的啊……我單幹，是您給我的權利啊……」。加上作者本人寫過一篇散文，《主席老那天》（又叫《毛主席逝世那一天》），描寫毛澤東去世前後人們的反映等，最後一段說：「現在，連老百姓也知道毛主席生前犯了許多錯誤，但許多人，起碼是我，並沒有感到當年把毛主席當成神是可笑的，許多人，起碼是我，想起毛主席，還是肅然生出若干的敬意。毛主席之後，在中國，再也不會有誰能像他那樣，以一個人的死去或是活著，影響千萬人的命運。」說明莫言先生本人，是和洪泰岳這樣的人物在思想、情感高度上比較接近的。起碼我們從小說裡沒有發現作者比自己筆下的這個人物超出多少、高明多少。莫言甚至無比留戀那個「紅色」年代和那時「純潔」的人性。

借用西門豬之口來說就是：「五〇年代的人是比較純潔的，六〇年代的人是十分狂熱的，七〇年代的人是相當膽怯的，八〇年代的人是察言觀色的，九〇年代的人是極其邪惡的。」以至於作者文中流露出較為欣賞洪泰岳們言行表現的傾向，來反襯、批評二十世紀九〇年代以後某些畸形化的改革、失卻民心以及由此帶來的靈魂上的「骯髒」等現象，這就迷失了批判性主題的方向和揭示社會歷史與現實的意義。

二十世紀五、六〇年代，尤其是「文革」時期「發明」出的許多東西，我們知道那是完全要不得的，「文革」等災難性事件更是受到過包括執政黨在內的徹底否定，二十世紀八〇年代後，中國人再不進行改革開放，就沒有出路，會繼續停留在一窮二白的圈子裡打轉，帶來社會內亂，莫言漠視這個前提條件，而單單抓住改革開放後出現在現實裡的一些陰暗面不放，卻又沒有更高程度的觀照，反倒像是要把我們帶回熱火朝天的，二十世紀五、六〇年代去，對那個年代悲劇、不幸的製造者抱著無比景仰的態度，或者說莫言尚且達不到追溯出現問題後其原因的能力，從而把自己的作品內容某種程度上，載上了「開倒車」的不歸之路——即使這不是他的主觀意圖和想法，其作品本身也已表達出此一題旨了。

所以，全書在形式、技巧上的突破、創新，似乎得不償失，其實質、內涵有時是倒退的、失敗的，缺乏深度的，缺乏現代人精神意識籠貫在內的。在上述所說的那些地方，它們與《檀香刑》精緻地描寫殺人細節所流露出來的品味，性質上一致。

其實，早在《紅高粱》時代，莫言就已埋伏下這種無視罪惡、為罪惡開脫，為「匪徒」、「我爺爺」余司令等公然殺人越貨，強行霸佔他人妻室的罪行開脫的缺憾，只不過作者打起了抗日衛國的大旗、人性解放的大旗，千方百計掩飾余司令等人的罪行罷了。但把這樣的罪犯當成民族英雄、優良品種來讚美，那還是喪失了起碼的大是大非上的批判精神的——別以為一個人抵抗了侵略、滿足了生理需要，就可以任性胡為，其功績能夠、應該抵消早先犯下的罪行。因為即使「我奶奶」是被迫嫁給土財主的，直接原因那也是由於生活窘迫、家長迷財導致的，土財主本身並不構成什麼罪惡，更不到誅殺的程度。說不定人家也是辛辛苦苦、省吃儉用多少

年，如《生死疲勞》裡的財主西門鬧一樣，積攢起一點財富，你嫁過來，圖的是安逸，圖的是錢財，即使得不到性生活，能怪土財主嗎？該打的是逼迫「我奶奶」出嫁的人以及製造貧富懸殊過大的社會制度。

因此，即使是莫言最為優秀的、公認的「經典」《紅高粱》❶，雖在當時有一定的開拓性意義，現在看也存在缺陷。

形式、技巧上的嘗試帶來的另一個問題是，作者在《生死疲勞》中可以將各種各樣的動物寫得虎虎生風，驢牛豬狗奔流不息，都是天底下最棒最牛的，人意充沛的非弱勢者，但所取角度比較混亂，有的留心到了動物的特性、局限性，未讓它們超出這些特性、局限性，也有不少處，卻不再關心什麼特不特性、局不局限了。

像西門狗擔任會長並主持的「第十八屆圓月大會」，與會的狗數百條，在「我」（西門狗）的倡議下，對著月亮齊叫三聲，來悼念一個本月去世的藏獒。接下來大家唱歌、跳舞、交談、喝酒、吃點心，「慶祝狗三姐的三個寶寶滿月之喜」。此狗把其中一個寶寶遞上會長台，

❶這裡只是指他的中篇小說《紅高粱》。

「我在這狗兒腮上親了一下，然後，舉著牠示眾。群狗歡呼。我把狗兒扔下去。三姐把一個狗女遞上來……」如此者三。儀式完畢，「我」提議乾杯，「我們將瓶嘴插進嘴巴，雙爪抱著酒瓶，咕嘟咕嘟往裡倒。不斷有狗上前來敬酒，我來者不拒，身後很快有了一堆啤酒瓶子」。

記得魯迅在《中國小說史略》裡批評《三國演義》的作者，說他把諸葛亮寫得像妖，在這裡莫言則把這個西門狗以及其他狗們，寫得如《西遊記》裡的牛魔王、白骨精，已為「神話」中人了。但狗的「妖法」僅此而已，後來車門會撞酸牠的鼻子，污水也能弄髒牠的身體，牠實在又是一條再平凡不過的狗，卻何以就有了乾杯、敬酒、吃點心之類的古怪本事呢？

當西門鬧轉世為豬時，作者一會兒當這個「我」全知全能，一會兒又讓牠受到具體情境的「制約」，不再全知全能，和前面一樣，顯得很隨便。最初，莫言是考慮到了「我」應有的限制的。比如「負責餵養我那八個哥、姐的是一個女人，因為土牆間隔，我看不到她的形象」；不久，這個豬神了，沒有障隔、限制了，什麼事都能看得到，什麼都有牠在場了，連洪泰岳騎著嶄新的「大金鹿」飛馳而來，把車支在空地的邊上，靠著一棵被砍去半邊樹冠的杏樹，「連鎖都沒上」，「張開雙臂跑向金龍……在到達金龍面前突然下垂……」等細節都從牠眼裡出來了。

這一點就像《紅高粱》中在設計敘述主體時存在的一個盲區一樣：既有「一九三九年古曆

八月初九，我父親……」，又有了「（一九五八年）爺爺從日本回來時，村裡舉行了盛大的典禮，連縣長都來參加了。那時候我兩歲。……我看到爺爺把（縣長敬的）那杯酒放到唇邊，……爺爺牽著我……」、「我曾經對高密東北鄉極端熱愛，曾經對高密東北鄉極端仇恨，長大後努力學習馬克思主義，我終於悟到：高密東北鄉無疑是地球上最美麗最醜陋、最超脫最世俗、最聖潔最齷齪、最英雄好漢最王八蛋最能喝酒最能愛的地方。生存在這塊土地上的我的父老鄉親們，喜食高粱，每年都大量種植。……他們殺人越貨，精忠報國，他們演出過一幕幕英勇悲壯的舞劇，使我們這些活著的不肖子孫相形見絀，在進步的同時，我真切感到種的退化」，可見得「我」這個凡人已經寫進了作品，有了感覺，感覺到自己這代人不如做「土匪」的「爺爺」輩「有種」（可是兩歲的「我」就能記得住那麼多東西，恐非真就不如「爺爺」輩），因而「有種」是他最高的人生目的與理想——不要覺得它荒誕，有不少人是為之而喝彩的。

中國最有才情思想的評論家、散文家劉再復先生，甚至據此演繹出來了一套「種」的哲學，把莫言抬舉成「一個最有原創力的生命的旗手」，「高擎著生命自由的旗幟和火炬」。幸好我瞭解、敬重劉再復先生，因而我相信他的演繹與抬舉是真誠的，但卻是特別危險的，因為莫言的不少作品，與真正意義上的「自由」無關。

此外，從劉再復先生最為讚歎的莫言小說的「特色」——富有「原創力」的「敘述方式」

來看，「我」既是作品裡的一個人物，那麼，按最起碼的「行規」，對於「我」不在場、又肯定無人轉述的事情，就不能寫了。可是莫言卻寫了，而且寫得相當多。例如「我奶奶」死前，身邊無一人，她的感受、知覺卻被模擬了出來。那段描寫雖然淋漓汪洋，卻是信不得、站不住、不能要的。

同樣是小說，閻連科在《丁莊夢》（上海文藝出版社二〇〇六年一月）中，卻很巧妙地解決了這種敘述主體上的限制，那裡的敘述主體是「我」，一個已經被鄰居毒死多年的男孩，這樣的「我」由於是非人狀態的「鬼」，就具有了全知全能的條件，由「我」來敘述的一切，變得完全可信。

《紅高粱》裡的「我」卻是作品裡的普通人，那就不可以「全知全能」，動不動「我父親」、「我奶奶」如何如何想、如何如何感覺了。

《生死疲勞》裡的敘述主體也存在需要統一和規範的問題。

本書最後的講述人只有一個，那就是年僅五歲的藍千歲（西門鬧最後轉胎為此人），作者預先假定此人有點小小的神通、靈性，其他敘述主體（「我」）如藍解放、西門驢、西門狗等不斷變換。

如果一會兒神奇，一會兒平庸，一會兒全知全能，一會兒限制多多，那就只能說明小說在結構、描寫上還存在很大缺漏。莫言在把小說中的一些起碼規範逐一打破後，無人質疑，不免嘗到甜頭，到如今他就更不想接受什麼限制了，有時只顧舒快地展露想像和天才，不再過問越沒越界等問題。

我們一直原諒和認可這些行為，被它們描寫的細膩與優美意境折服，但到《生死疲勞》時，莫言已逐漸喪失出道之初蓬勃滋長的靈性與靈氣，不少時候既無所謂美，也無所謂必須。

事實上，正如上文所說，這樣的越規不僅存在於莫言一個人身上，同樣號稱是「先鋒作家」的余華，也是越來越不注意細節上的真實可靠性，把一些不可能的事情讓它們隨便發生。對於這些根本是不可能而又脫離生活經驗基礎的細節、情節，剛開始我們疏忽了，或者沒在意，給了先鋒們莫大的讚揚，現在越寫越肆無忌憚，動不動「魔幻」一下子，打破「魔幻」與真實的界限，不節制，把可能會失敗的嘗試統統解釋為「魔幻」，缺少一定的生活根基。

而像莫言這樣，專注於寫出一條條動物如何了不起，如何在感知、認識世界，一頭帶著「人性」的驢，怎樣運用「智慧」，河水中玩死了兩條狡猾的狼，等等，對刻畫作品人物，揭示社會現實問題，而非此動物本身，有什麼具體價值呢？

動物是動物，人是人，打通寫，可以，但那個「相通」與痛苦掙扎的過程，作家應寫得叫人口服心服。現在的西門鬧一世為何、另一世轉為何，轉換很倉促。動物界與人類的境遇，多處更是不相干的兩張皮。

同時，由於不少時候需從動物的視角來看待人類遭遇，那些本來應該是特別悲慘、淒苦，觸及人物靈魂深處的場面，比如「文革」武鬥、批鬥等事件，莫言有時寫得有點油滑、矯情，社會人物的嘴臉模式化，在動物們眼裡如同影子。

這成為《生死疲勞》問題、缺點和毛病最為集中的地方：毫不傷及人物內心情感世界的內容和語言上的油滑，使得很好的悲劇內容滑稽化了。

也許莫言的本意是想調侃、放鬆、狂歡、幽默一下，但在我們看來這幾種效果不是處處能達到，他寫時的節制與分寸感把握不好，動作、形象、態度和語言誇張怪異。

列舉一、二：牛鬼蛇神們遊街、「文革」期間紅衛兵會師等場面，寫來很滑稽，下來一節更見油腔滑調，比喻修辭也粗俗。

先是「大叫驢」演講，站在一張從飯店裡臨時抬來的方桌上。「大叫驢」左手著腰，右手在空中揮舞，做著變化多端的動作，時而像馬刀劈下，時而如尖刀前刺，時而如拳打猛虎，時而如掌開巨石。動作配合著話語，腔調抑揚頓挫，嘴角溢出白沫，語言殺氣騰騰、空空洞洞，猶如一只只被吹足了氣、塗上了紅顏色、形狀如冬瓜、頂端一乳頭的避孕套，在空中飛舞、碰撞，發出砰砰的聲響。在高密東北鄉的歷史上，曾有一個漂亮的女護士將避孕套吹爆結果眼睛被崩傷，成為一大趣聞。「大叫驢」是天才的演說家，他演講時極力模仿列寧、毛澤東。尤其是伸出右臂，成四十五度角，頭微向後仰，下巴略翹，目光望向高遠處，嘴巴裡喊出「向階級敵人發起進攻進攻再進攻」時，簡直就是列寧復生，列寧從《列寧在一九一八》裡來到了高密東北鄉，群眾靜默片刻，彷彿被鉗子捏住了咽喉，然後便一片歡呼，幾個有文化的小青年亂喊「烏拉」，沒有文化的喊「萬歲」，萬歲和烏拉雖然都不是獻給「大叫驢」的，但「大叫驢」猶如一只被吹脹的避孕套飄飄然而不知其所以然。

當我們想像一下那個「避孕套」的樣子時，難道不覺可笑嗎？「大叫驢」的手勢和姿態，在如此形容下，也就只剩一個滑稽樣子，而蓋過了事情本身所具有的荒誕、惡劣性。「如一只被吹脹的避孕套飄飄然而不知其所以然」之比喻何其拙劣、費解和不通！

莫言曾說自己「在寫《生死疲勞》的時候我特別注意『的』、『地』、『得』的使用，我讓我帶的研究生專門看我用的『的、地、得』對不對。這是李建軍的批評發揮作用了，因此我說這種批評有他的道理，我應該感謝他。但是這種批評如果脫離開整個文本、語境也沒有道理，比如說我小說裡面有大量的戲文，戲文按照語文教師的規範來看，真的是狗屁不通的。我在農村唱過小戲，『生產隊長一聲號，社員下地把動勞』，通嗎？用語文教師的方法分析，那肯定是一塌糊塗，狗屁不通，但大家就這麼唱。」

對此，我在給李建軍去信時分析說：

莫言老師此說不足觀：「我最近要出一本書，我對我的責編說，一定要好好校對，千萬不要讓那個李建軍又挑出什麼毛病來。」因為他的缺憾不只是存在錯別字（責編只能糾正錯別字），而且有你在批評他的文章裡所說「余、爾、你、我」等亂用一氣的怪異，重複用詞，不知節制的詞句、描寫膨脹化等現象。後面這些都不是責編所能。

我覺得，莫言老師對文學的理解、判斷，對於如何寫小說等，大體上沒有什麼理性化的認識。他只有經驗、感悟，他的天才在於講故事，至於刻畫人物個性，讓人物立住，好像就不如編故事那樣天分高了。

可見，在我看來莫言主要是靠著經驗寫作，感性充盈而思想、文化儲備匱乏，極大地限制了他在藝術上作進一步的提升。

從始而終，莫言都是個故事簍子，天生就是寫小說的好材料，為了故事和故事說出來絕妙講究，可以放棄其他。

他有意營造一個張狂的、「充滿生命感覺的世界」（張志忠：《莫言論》），能夠寫出「浩浩蕩蕩的感覺流」；他的語言也變成了一種擴張感覺、打通感覺，奔湧著生命和朝氣的鼓脹淋漓的語言，不可避免地，它同時又粗糙，泥沙俱下。越到後來，因著自然規律而導致的才氣的不斷衰減，問題暴露也越其明顯。

莫言在海外的影響則越來越大。美國翻譯家葛浩文是最為推崇他的人，幾乎把他所有的重要作品，在第一時間翻譯成英文，及時傳播擴散，獲得英語國家的重視，並被翻譯為其他語種，獲得很多漢學家的肯定。

李建軍對於這些漢學家的意見，認為不可麻木採信。「我在南京的一個作家討論會上，批評某些當代作家和批評界過分看重西方的某些漢學家對中國文學的評價，這是不正常的。因為在我看來，西方人的觀點雖然也有價值，但是從根本上講，他們要深刻地理解中國的文化和中國的文學，是很難的。這是因為，首先，他們要把自己的漢語水準提高到足以使他們能夠真正理解中國文化的程度，就是一個極其艱難的過程，漢語是一種『深度語言』，沒有口誦心唯、日積月累的慢工夫，是不可能掌握它的，——小熏良先生是懂幾種外語的漢學家，

莫言VS高行健

但聞一多先生還是批評他把中國讀書人一看就懂的唐詩都譯錯了；其次，就是他們缺乏刻骨銘心的中國體驗和沉鬱悲涼的中國心情，因此，他們不可能真正認識到那些真正的中國作家的價值，例如，他們就沒有看到魯迅和張愛玲的價值，——盡管從漢語的角度看，這兩位大師的文學成就，絕不比任何一位獲諾獎的作家低；也不可能欣賞孫犁、汪曾祺、陳忠實、鍾阿城……儘管他們才是當代中國最優秀的作家。他們獎賞的是那些符合他們對中國的想像的作品……他們獎賞的是那些用西方的技巧表達西方人熟悉的情緒和體驗的作家，像余華和莫言等，而這些作家，就其漢語修養和文學才華來講，實在不過爾爾，但是，某些西方『漢學家』卻給了他們高得怕人的評價。……我們要給人家胡說的自由和權利。問題是我們自己要有自知之明，不能因為幾句不著邊際的好聽話，就不知道自己幾斤幾兩了。然而，令人遺憾的是，我們似乎缺乏自我認知的自信和冷靜。我們過分看重外國人的評價和獎賞。……我們應該少關注一些外國人怎麼評價自己，多關注自己時代的現實和問題。我們這個時代，是一個前現代向現代轉型的時代，有很多沉重的問題壓在我們心上，壓得心都要碎了。按理說，這是一個最容易出現偉大作家和偉大作品的時代。但為什麼沒有出現呢？因為我們的時代和文學缺乏對現實、對痛苦的關注。我們的作家更多地停留在欲望、物質享樂和狹隘的個人體驗這樣一個層面上，缺乏對具有深刻意義的問題和價值信仰的關注。我認為，就像雷巴科夫說的那樣，文學的義務就是回答時代『最艱難的問題』，但今天看來，這個『問題』比較沉重，因為當下大多作家都在迴避這個『義務』。」

李建軍大概沒有看過莫言的中短篇小說以及《豐乳肥臀》，所以他對莫言的評價不夠完備。莫言的中短篇經典，相當出色，他的問題主要在後期寫長篇小說上。

我和李建軍曾經不約而同地對《檀香刑》進行過文本細讀，彼此都不知道對方的研究，之前也沒有任何交流，但所持看法基本一致。

這樣的分析、批評方法或許有問題，部分獲得莫言的肯定，他在《南方周末》說我們起碼「是讀了作品的，總比那些不讀作品而批評的人負責」。

莫言也曾由於觀點上的不同，在武夷山和李建軍發生口角爭議，他不贊同李建軍和我在《與魔鬼下棋——五作家批判書》中對他作品的解讀。

在書中我們認為莫言的《檀香刑》存在缺陷，愛情故事不可信、反人性，屠殺場面、細節、氣氛渲染任性誇張，流露出了與小說人物高度一致的品玩心態，缺乏道德與心靈上的拷問，對殺人話題津津樂道等，都有害於作品的藝術性。二〇〇五年十月，莫言在武夷山開會時邂逅李建軍，稱李建軍等人是「狗魚批評家，都是我們需要的。如果批評家沒有狗性，那就不是批評家了，那就連狗魚都不如了」——畢竟「狗性」不是「狗魚」之性，而是狗之性。

莫言進而辯護：「一個作家要關注底層、表現愛心是沒有錯的，但怎麼表現愛心，怎麼表現人道主義，每個作家都有自己的方式。何況任何一個文本，都有自己的多義性，好的文本更具有多義性，而不是像文革時期的作品那樣只有一個透明的主題。《檀香刑》是一部小說化的戲劇，或戲劇化的小說，是一個比較特殊的文本，我個人認為其中充滿人道主義精神。此外，批評家要遵守一個起碼的常識：不能把小說中的人物心態和作者心態等同起來。我寫了一個劊子手，難道我就是一個劊子手嗎？……我們現在的某些批評家好像一個高明的大夫，經常為作家進行診斷，甚至像寫墓誌銘一樣，給許多在世作家蓋棺論定。當然，這種蓋棺論定也是可以的，但你至少要對作家所有的作品進行通讀，不能僅僅因為一篇作品，一篇失敗之作就全盤否定一個作家的全部作品。此外，現在一些評論家的批評根本不從文本出發，而對一些雞毛蒜皮的東西進行調侃，關注的不是作家的作品，而是作家的人格，批評的不是文學的品質，而是作家的道德。一些批評家常常打著嚴肅的文學批評旗號，對作家人格方面的一些小問題進行攻擊，這似乎有欠厚道，有悖於文學批評的莊嚴和神聖，也不符合一位偉大批評家的胸襟。」❶

二〇〇六年四月二十日，莫言在《南方週末》上進一步辯解：「我們談文學應該從文本出發，批評更要從文本出發，不要關心文本之外的作家的私生活，這沒有意義，因為每個人的私生活都不是白璧無瑕。」「道德這個東西是一個歷史的範疇，不是一個永恆的範疇，在五十年前不道德的在今天變成了很道德，在五十年前大逆不道得可以掉腦袋的事情今天變成了司空見慣。我覺得善和惡、真和假、美和醜、愛和恨之間有一個模糊地帶，有一個朦朧地帶，而這個朦朧的模糊的地帶，恰好是小說家施展自己才華的廣闊的天地。」

這樣的辯論是精彩的，可以深化認識和思想。莫言的言說中，實際上貫穿了兩條中心意思，那就是他用心良苦，別人沒有體會出來；作家的人格和道德，可以是「雞毛蒜皮」的。沒有多少人格、道德的人，做出的「文本」也可能很好，關注底層、表現愛心、體現人道精神，「具有多義性」。

這樣的說法❷既不成立，又不可能。心理學、哲學、人性實際經驗以及歷史不斷告訴我們，作家的人格、道德恰恰和作品的品質品格關涉極大，不是「雞毛蒜皮」。

這裡也模糊了道德、犯罪（掉腦袋）、政治控制等等的界限，認為個人可以按自定標準界定何為道德、何為真假、何為美醜等概念的內涵外延。

❶李建軍：《武夷山交鋒記》。《文學自由談》二〇〇六年二期。

❷此處只討論「說法」，因為莫言品行良好，無可懷疑。

不是嗎？既然「五十年前大逆不道得可以掉腦袋的事情今天變成了司空見慣」，那麼《檀香刑》裡的趙甲父子作為最高權力機構的「劊子手」殺人，把親家或丈人殺掉就可以心安理得。作者也能夠跟帶著將它當做「藝術」，讚歎不已。《紅高粱》裡的「我爺爺」搶人錢財、妻子，殺人越貨，在莫言眼裡，也就成了「張揚個性」、種之「優化」的象徵性表現。

進而可以推翻人類必須遵守的一些必要的道德、倫理底線，把一些不可能的行為、心理，硬性而頑固地載入在人物身上。

《文心雕龍》開篇即說：「文之為德也大矣，與天地並生者何哉？夫玄黃色雜，方圓體分，日月疊璧，以垂麗天之象；山川煥綺，以鋪理地之形：此蓋道之文也。仰觀吐曜，俯察含章，高卑定位，故兩儀既生矣。唯人參之，性靈所鍾，是謂三才。為五行之秀，實天地之心，心生而言立，言立而文明，自然之道也。」王國維在列舉屈原的「紛吾既有此內美兮，又重之以修能」後也說，「文字之事，於此二者，不可缺一。然詞乃抒情之作，故尤重內美。無內美而但有修能，則白石耳。」又說屈原、杜甫、蘇東坡，此三子，即使無文才，而獨有其品格，亦足稱大家。「大家之作，其言情也必沁人心脾，其寫景也必豁人耳目，其辭脫口而出無矯揉裝束之態。以其所見者真，所知者深也，詩詞皆然。持此以衡古今之作者，可無大誤。」所以，「弄學問也好，弄藝術也好，頂要緊是human，要把一個『人』儘量發展，沒成為ＸＸ家

XX家以前，先要學做人；否則那種XX家無論如何高明，也不會對人類有多大貢獻。」❶

有人甚至說出了這樣的話：「無論何人，不管他有多大的成就，多高的地位以及才華，只要我一旦發現他有道德品質上的缺憾，他都將立即失去我對他的所有尊重。我判斷人的這一基本標準，是來自於我對歷史的認識。不斷在歷史中發現這樣的事例：缺少高尚品德的人，他在現實世界中的力量越是強大，對人類造成的傷害也越大。到現在為止，我還沒有找到一個道德品質低劣，卻能對人類幸福做出貢獻的人。」

現實生活中，有的人藏得深，不少人很會「做」，能及時釋放煙幕彈，我們很難辨識，直到他們達到所有目標，才會露出真實的面貌，有恃無恐。這以政治人物居多。不過，此前也非完全無跡可循。

至於作家，尤其像莫言這樣對文學已癡情入骨的作家，無須隱藏，不必作假，他每天面對自己的良知良能，受著良心的感召，心無旁騖，很少關注創作之外的事。

這是莫言的可貴之處。

❶ 參見《傅雷家書》，三聯書店版。

並且，一旦發現自己有錯後，他很快公開承認，對那場爭辯，他曾內疚，說自己「脫離了李建軍的批評文本，這是讓我感到非常後悔的。……在爭論中涉及了不在場的人，在此我也向他們遙致歉意」。

這樣的莫言無比之誠實而真實，讓人由衷尊戴。

其實，我們談《生死疲勞》、《檀香刑》、《紅高粱》存在什麼問題，許多是枝節性的，有的稍作修改就可以避免。

譬如《紅高粱》，可以傳之永久，藝術性登峰造極，而我所說到的可能存在的兩個問題，都不大。改改就成。

《紅樓夢》都有這樣那樣的問題，莫言的作品有缺憾那就太正常了。而《檀香刑》，我覺得它的文字若能節制一些，則可為經典。

還有的尚多爭議，一時無答案，誰也難以說服誰。

譬如《紅高粱》，就有人反對我的意見，認為莫言寫出「我奶奶」死前的感覺，是創新。

《豐乳肥臀》也始終有「我」在，「我」在繈褓中，就有了觀察等等，就是一個嶄新的視角。

另有人認為，最能代表莫言藝術成就、融匯莫言所有藝術特色的，是他的《生死疲勞》。

《生死疲勞》是莫言寫得最好的作品。

向莫言致敬

很小的時候，莫言就在引領我。

進入軍藝讀書後，我以大師兄做榜樣，以大師兄而自豪，以大師兄為老師，期待之高，可謂殷切。

後來我對莫言產生誤會，以為他這種頂尖級作家，寫本書首印收入就五、六十萬，常年積累，幾十本書不間斷出來，每年總有上百萬。哪有什麼後顧之憂？其實不然。

據報導，莫言獲得諾貝爾文學獎後，有人要贈他別墅，讓莫言擺脫困擾，專心創作。莫言九十歲的父親連忙反對：「不要！不要！什麼送別墅哦。我家兒子莫言是莊稼人出身，不是自己勞動得來的東西，俺兒子不要。」

二〇一二年十月，莫言的妻子杜勤蘭女士對香港《文匯報》記者說，莫言的獎金想買房子，是因為一家三代住的一直是部隊的一套九十一平方米的房子，如今女兒、女婿、外孫女和他們夫妻三代人擠在一起，很局促。多年來他們夫妻只好帶著外孫女回高密老家，幫女兒帶孩子。用諾貝爾獎金在北京再買一套房子，五口之家可以住得寬鬆點，女兒與孩子也不必分隔兩地。

十月十五日《僑報》發表文章，認為當莫言也遭遇「買房難」的時候，房價重壓之下，人們哪有時間和精力去思考生命的意義和生存的價值？與諾貝爾文學獎相距甚遠的中國房價問題，因為該獎中國第一人莫言的一番話成為大陸輿論焦點。

二〇一二年諾貝爾文學獎獲得者莫言在回應七百五十萬巨額獎金怎麼花時笑稱：「我準備在北京買套房子，大房子，後來有人提醒我說也買不了多大的房子，五萬多一平方米，七百五十萬也就是一百二十多平方米。」七百五十萬和買房子，對中國絕大多數普通人來說，一個是天文數字，一個是或許要傾家蕩產才能實現的夢。但當獲得巨獎的諾獎得主也無奈說出「不算多，只夠買一套房」的現實時，就更顯得房價高得扎眼、高得殘酷。不少網民感慨，「莫言寫作很有魔幻風格，但買房還是要回歸現實。」

現實就是，莫言想在北京買房還須跨過重重門檻。地產界大老潘石屹問得直接：「有北京戶口嗎？」❶ 除戶籍限制外，沒有暫住證的買不了；沒有連續五年的在京繳納社保或納稅證明也買不了……諸多「限購」，肇因正是高房價。莫言尚且有著買房煩惱，普通百姓又情何以堪？而如果連繫到近期層出不窮的「表叔」和「房叔」們，莫言的困擾則顯得更具諷刺意味，也更令人心情沉重。

莫言此前曾說過：「如果依靠寫作去買房，現在真的是很難的事。靠寫作過上像郭敬明的生活，全中國估計也就只有郭敬明了。」二〇一一年，郭敬明以二千四百五十萬元的身家登上「中國作家富豪榜」榜首，這張榜單的前十名無一例外是商業類型化寫作的作家，青春玄幻、盜墓穿越、職場小說等是主要題材。給富豪作家們扣上「逃避承擔社會責任」的帽子或許有些過分，但「莫言買房」的故事也正告誡著一種悲哀：與其搞理想主義的文學創作等待被巨獎砸中，還不如迎合現實趕緊賺錢買房來得快捷實在。

房價高企所導致的嚴重後果已被廣泛認知：中國人變得焦慮、沒有安全感、不再從容平和；為了買房不得不承受巨大的工作壓力，背負高額的銀行貸款，省吃儉用緊繃人生之弦……如此看來，眼下全國書店莫言作品專櫃前的人頭攢動，或許不久就會恢復以往的冷清，正如莫言本人對「莫言熱」所說的那樣：「頂多一個月，大家就忘掉。」

看到這樣的消息，誰都會心情沉重，甚至會為莫言的堅守感動得流淚，從而更能理解他急

❶蔣泥按：這當然是玩笑，莫言全家都有北京戶口，不存在戶籍限制問題。

急忙忙寫小說的原因——當年巴爾扎克為謀生而批量化大生產，日夜書寫，留下大量粗製濫造的作品，莫言平均兩年才出一部長篇，這樣的速度並不快，前期需準備、構思，成熟後一揮而就，打磨的時間即使不會很多，這和他的內外壓力交困相關，品質上卻不至於差。只是很難再看到他超越《紅高粱》，超越《豐乳肥臀》，讓更多的作品成為經典了。

為什麼作家的作品一定要寫成經典？長篇成為經典的那麼少，不是有許多傑出的中短篇小說嗎，不一樣可以交代嗎？

人的能力總是有限的，對於這麼優秀、努力的作家，為什麼不能向他致敬？

況且，莫言一直在突破，追求新形式，探尋新路徑，試驗新方法，內容上不一定像早期的作品那樣交融，但突破和創新本身就很不簡單，我這樣的批評者，面對作家如此恣肆的文本時，是否太苛求，是否太偏執，是否太保守？

為什麼那麼多一致喊好的聲音傳來，也打不破我的堅持？

我只聽從心靈的聲音，我只跟隨自己的分析，結果是什麼，預先不清楚，分析到哪裡就是哪裡。

這樣對嗎？狹窄嗎？

我所堅持的對嗎？對到什麼程度？錯嗎？錯到什麼地步？

我希望有討論。我曾請一些評論家出來批評我的看法，我們進行筆頭的爭論，直至有人能說服我。

我相信幾代作家裡的中堅，都在艱難堅守，為藝術獻身。他們的付出充滿艱辛，鮮花燦爛的背後，有無數親人在默默犧牲。平常我們只見鮮花和燦爛，而看不到作家的背後。

莫言如此，其他作家可想而知。

有記者報導，莫言和妻子是在高密棉花廠相戀結婚的，後來莫言名聲大噪，但對妻子不離不棄。莫言的收入靠工資，他擔任中國藝術研究院文學院院長。他的作品經常一寫就是幾年，而且嚴重被盜版侵權，收入不高。為照顧莫言和女兒管笑笑，杜勤蘭在北京沒有找工作，女兒上學，全家三口都靠莫言一個人的收入，老父親也需贍養。

這樣的收入，莫言還儘量為老家做一些貢獻。村口有一塊功德碑，碑上刻有二〇〇九年為村裡修路的捐款者名單，莫言名列第一，村民對記者說他捐獻了三萬。很多鄰居都問杜勤蘭，像莫言老師這麼大的作家，掙那麼多錢，怎麼看你很少買肉，每次都買一大堆蔬菜。杜勤蘭說，其實家裡改善生活就是包一頓餃子。莫言幾十年來最愛吃的就是餃子。

莫言只上了五年小學就輟學，他後來憑藉自己的努力上了大學，他堅持不懈，一直在學習，經常看書到半夜。剛到北京時，他是一個人，寫作到半夜，餓了，只能吃大蔥喝熱水，多年下來患了嚴重的胃潰瘍，每天都吃藥。

莫言是一個有責任心的丈夫和父親。如今有了外孫女，百般疼愛。平時他都會待在家裡，因為身體不好，不喝酒、少吸煙，最大的愛好是聽戲曲，尤其是家鄉戲茂腔。

一九五五年出生，有記憶的童年恰好趕上大饑荒，沒有糧食，大人吃野菜團子，莫言吃不下，奶奶曾「賞」他和姐姐每人一個發黴的紅薯乾，莫言總覺得姐姐的大，忙把姐姐手裡的搶過去。搶過來之後才發現不如自己原來那塊大，又搶回來。搶兩次她姐姐就哭了。

二〇〇〇年三月，莫言在史丹福大學演講，題目就是《饑餓和孤獨是我創作的財富》。

在我的童年時期，根本就不知道世界上還有照相這碼事，知道了也照不起。所以我只能根據後來看到過的一些歷史照片，再加上自己的回憶，來想像出自己的童年形象。我敢擔保我想像出來的形象是真實的。那時，我們這些五、六歲的孩子，在春、夏、秋三個季節裡，基本上是赤身裸體的，只是到了嚴寒的冬季，才胡亂地穿上一件衣服。那些衣服的破爛程度是今天的中國孩子想像不到的。我相信我奶奶經常教導我的一句話，她說：人只有享不了的福，但是沒有受不了的罪。我也相信達爾文的適者生存學說，人在險惡的環境裡，也許就會煥發出驚人的生命力。不能適應的都死掉了，能夠活過來的，就是優良的品種。所以，我大概也是一個優良的品種。那時候我們都有驚人的抗寒能力，連渾身羽毛的小鳥都凍得唧唧亂叫時，我們光著屁股，也沒有感到凍得受不了。我對當時的我充滿了敬佩之情，那時我真的不簡單，比現在的我優秀許多倍……

那時候我們這些孩子的思想非常單純，每天想的就是食物和如何才能搞到食物。我們就像一群饑餓的小狗，在村子中的大街小巷裡嗅來嗅去，尋找可以果腹的食物。許多在今天看來根本不能入口的東西，在當時卻成了我們的美味。我們吃樹上的葉子，樹上的葉子吃光後，我們就吃樹的皮，樹皮吃光後，我們就啃樹幹。那時候我們村的樹是地球上最倒楣的樹，它們被我們啃得遍體鱗傷。那時候我們都練出了一口鋒利的牙齒，世界上大概沒有我們咬不動的東西。我的一個小夥伴後來當了電工，他的工具袋裡既沒有鉗子也沒有刀子，像鉛筆那樣粗的鋼絲他毫不費力地就可以咬斷，別的電工用刀子和鉗子才能完成的工作，他用牙齒就可以完成了。那時我的牙齒也很好，但不如我那個當了電工的朋友的牙齒好，否則我很可能是一個優秀的電工而不是一個作家。……

當我成為作家之後，我開始回憶童年時的孤獨，就像面對著滿桌子美食回憶饑餓一樣。我的家鄉高密東北鄉是三個縣交界的地區，交通閉塞，地廣人稀。村子外邊是一望無際的窪地，野草繁茂，野花很多，我每天都要到窪地裡放牛，因為我很小的時候已經輟學，所以當別人家的孩子在學校裡讀書時，我就在田野裡與牛為伴。我對牛的瞭解甚至勝過了我對人的瞭解。我知道牛的喜怒哀樂，懂得牛的表情，知道牠們心裡想什麼。在那樣一片在一個孩子眼裡幾乎是無邊無際的原野裡，只有我和幾頭牛在一起。牛安詳地吃草，根本不理我。我仰面朝天躺在草地上，看著天上的白雲緩慢地移動，好像它們是一些懶洋洋的大漢。我想跟白雲說話，白雲不理我。天上有許多鳥兒，有雲雀，有百靈，還有一些我認識牠們但叫不出牠們的名字。牠們叫得實在是太動人了。我經常被鳥兒的叫聲感動得熱淚盈眶。我想與鳥兒們交流，但是牠們也很忙，牠們也不理睬我。我躺在草地上，心中充滿了悲傷的感情。在這樣的環境裡，我首先學會了想入非非。這是一種半夢半醒的狀態。許多美妙的念頭紛至還來。我躺在草地上理解了什麼叫愛情，也理解什麼叫善良。然後我學會了自言自語。那時候我真是才華橫溢，出口成章，滔滔不絕，而且合轍押韻。有一次我對著一棵樹自言自語，我的母親聽到後大吃一驚，她對我的父親說：「他爹，咱這孩子是不是有毛病了？」後來我長大了一些，參加了生產隊的集體勞動，進入了成人社會，我在放牛時養成的喜歡說話的毛病給家人帶來了許多麻煩。我母親痛苦地勸告我：「孩子，你能不能不說話？」我當時被母親的表情感動得鼻酸眼熱，發誓再也不說話，但一到了人前，肚子裡的話就像一窩老鼠似的奔突而出。話說過之後又後悔無比，感到自己辜負了母親的教導。所以當我開始我的作家生涯時，我為自己起了一個筆名：莫言。但就像我的母親經常罵我的那樣，「狗改不了吃屎，狼改不了吃肉」，我改不了喜歡說話的毛病。為此我把文壇上的許多人都得罪了，因為我最喜歡說的是真話。現在，隨著年齡增長，我的話說得愈來愈少，我母親的在天之靈一定可以感到一些欣慰了吧？

……我創作的最原始的動力就是對於美食的渴望。當然在我成了名之後，我也學著說了一些冠冕堂皇的話，但那些話連我自己也不相信。我是一個出身底層的人，所以我的作品中充滿了世俗的觀點……

莫言的講話，無比沉痛。聽者大概都會很難受。不忍多加分析。

這樣的環境，不是莫言及其家人之過。

不僅如此，莫言受的教育，也是不凡的。

他五歲上學，因為偷看老師調情並張揚得罪人，老師以其出身中農為由報復，剝奪他的讀書機會，十歲即輟學。當兵後「從一個餵豬站崗的普通士兵到總參保密員、政治教員、宣傳幹事，步步升遷，得力於他平日的積極表現。據說他不僅會處理上下級關係，而且還能在無人關注的情況下積極刷廁所……種種生存本領，連極其世故的劉震雲都自歎不如」（老笨笨貓：《放誕者莫言》）。二十八歲獲得入學的機會，完全受學校教育的時間只有小學那五年和軍藝兩年、魯迅文學院作家班的學習，其他全是依仗自身的天才自學摸索，付出巨多代價，有今日之成，令人驚歎。雖有時而盡。

莫言小說章法研究——從「財神爺」到「秋千架」

「財神爺」的迷局

一九九八年，我第一次讀《也許是因為當過「財神爺」》，感動得落下淚來，莫言卻寫得不露聲色，把辛酸、苦難掩埋在輕鬆調侃的俏皮話裡，落淚之時，又叫人忍俊不禁，調配了極苦和極樂的元素，並且恰到好處。

這是他在軍藝念書時老師的命題作文。三十五人，每人寫一篇《我怎樣走上文學之路》。當時名氣最大的李存葆，寫得很老實，從一九六四年他十七歲當兵寫起，怎樣訓練、怎樣報導、怎樣發表文章，到雲南、廣西前線待了七個月，來北京開會《十月》的編輯約稿，他一個月寫出《高山下的花環》，名滿天下。實際上是寫作簡歷。後來以《牽手》、《大校的女兒》、《不嫁則已》、《中國式離婚》、《新結婚時代》、《愛你沒商量》（與王朔合作）等一大批愛情故事引起轟動的王海鴒，也很平實，寫她的求學之難。十六歲到二十一歲，王海鴒在電話總機前度過。眼看別人都保送上了大學，她也在熱切渴望，但每一次都不是她，領導還批評了她的名利思想，她以記日記訴苦，不知不覺走上創作之路……

寫得最鬼精的莫言，獨闢蹊徑，則是說故事，以一個故事交代了事，看似無關，卻又關係很大——生活的艱辛、人世滄桑的體驗、地位高低懸殊的刺激，小學老師無意間的激勵，都是種子。文章寫得像散文，又像小說，是真事，又不完全為真，適當加以虛構，充滿懸念。

一開始寫「我」上了大學，考入軍藝，「少年得志，鵬程萬里」，便買了一條處理的牛仔褲子，「箍住身體的下半截，帶著豆蔻花開的良好感覺探家去」。小橋邊看見一個婦女在打水。「鮮紅的大棉襖，下身穿一件油晃晃的黑棉褲，赤腳穿著一雙白色的塑膠涼鞋。天並非不冷，桶裡的水濺到橋石上，立即就結了冰。」她先看到了「我」的臉：「是你呀，『財神爺』！」

點題，「財神爺」突地冒出，製造一個懸念，兩個人關係不一般。

十年不見，差點認不出。她野蠻地笑起來，說：「咱姊妹的情分不是一天兩天啦，你管什麼都忘了，也不會把我帶著你去裝財神爺那個大年夜忘了吧？」然後跺跺腳，說，「別戳在這裡了，就像演《橋頭會》似的，讓俺孩他爹看到，沒準兒又要揍我。那個死熊，疑心大得很，看到我跟誰說話就以為我跟誰。」

「孩他爹」似欲出場，卻並不出來，引人好奇——這個「孩他爹」是個什麼角色，為何女人說話都「要揍」，「看到我跟誰說話就以為我跟誰」？如此男人，異類，不正常。以致「我」產生了誤會，說，「『他是愛你呢。』我把剛學會的一句酸話用上了。」

正常看，這句話確實有點「酸」。女主人反應再次異常，不是微笑，不是自足，也不是生氣發火，而是「吃驚地盯著我，眼睛瞪得溜圓，眼角上一片皮膚繃緊，皺紋淺了一些，顯出了紋底的灰白皮膚」。

「吃驚」地「瞪」著作者，顯然是在看作者這話是真誠的，還是偽善的。她發現他對她的現狀一無所知，他的話是真誠的，不是在嘲笑自己，便自我解嘲，說：「算了吧，你別用這樣的話來糊應俺了。」

一個飽經苦難折磨的女人的形象，躍然紙上。過了小橋，他們來到岔路口，她讓他去家裡落落腳，「俺那口子，不會說話心裡明白，佩服得你不得了，我把你帶回家去，嚇唬嚇唬他」。

這裡暗含好幾層意思：他們夫妻經常談論「我」，雖然「我」對她丈夫從未謀面、從無聽聞；她丈夫佩服「我」，對「我」已相當熟悉，「我」和他差異太大，根本不可比，他不會懷疑或妒忌；「我」遠遠比他棒，如果上門去看他，會超過他的想像，「嚇」住他，讓他意外之極；他是那種明白人，他「不會說話」。「不會說話」在這裡一語三關：既表示沒有見過大世面，不會說場面上的客套話，也表示沉默寡語，還表示啞巴，不能說話。很少有人把它理解成最後這個意思。作者在這裡賣關子，就是一個絕佳的伏筆。

「我」沒有立即答應她，說等到過了年，「我一定給你去拜年」。她這次很生氣，說話刻薄：「不去拉倒，誰還敢指望你去拜年，貴人不踏賤地呢！」說完，她挑起水桶就走了，根本不回頭。讓人愕然，不可理喻。讀者會想這個女人實在不正常，莫不受了不正常的丈夫影響？

大年初一，「我」說話算數，一大早就去她家拜年。三十夜裡下了雪，雪很小，讓他「想起當年我跟王冬妹去裝財神爺那個大年夜裡也下了雪，那可是一場地道的大雪，下得『河上一籠統，井是黑窟窿，黑狗身上白，白狗身上腫』」。

「雪」是道具，聯想自然，從今年到當年，雪不同，人的境遇也不同。第二次提到了「裝財神爺」，將將要「抖包袱」，大家都已急不可耐，卻依然無下文，作者吊足讀者的胃口。

「冬妹姐，新年發財！」拜年的話出口，未見冬妹其人。「冬妹在屋子裡應了一聲，跳出來迎接我的卻是一個黃鬍子黃眼珠的剽悍男子。他用土黃色的眼珠子惡狠狠地盯著我，一句話也不說。我知道這肯定就是冬妹那位疑心極重的丈夫了，便滿臉堆起解釋性的笑容，說：『大哥，我是冬妹的同村鄰居，小時候的朋友。』」

正常男子都應該聽得懂「我」的話，熱烈接進家，黃眼漢子沒有，他「對我的話毫無反應，一雙眼睛滴溜溜地上下打量著我。在我那條價值三元六角錢的牛仔褲子上他的目光停留了一會，然後他的嘴巴撇起來，翹起一根小指頭，在我面前晃動著，嘴裡發出一陣令人心寒的怪叫聲。我的心頓時沉重起來，原來王冬妹嫁給了一個啞巴」。

回頭看男人的「不會說話」，女人的根本不回頭，豁然開朗。一個不幸的女人，可憐的女人，要強的女人，好面子的女人，有苦說不出的女人，「呼隆」站起來。

稀奇的是，「這個啞巴顯然地是瞧不起我，他用他的小指頭表示，我和我身上的牛仔褲子一樣，都是不值錢的次品」。為什麼呢？我們想不通，這是作者高明之處，是繼續製造疑點，釣人上鉤。

啞巴啊啊，「從屋子裡竄出了兩個光著腦袋的少年。……用同樣的黃眼珠子瞅著我。我急忙從口袋裡摸出糖給他們。男孩剛想伸手，啞巴突然地啊啊幾聲，男孩緊盯著我手裡的糖塊，不敢近前」。

孩子很無辜，有吃的欲望，欲望很強烈，家長阻攔，顯得怪異。女主人呢？終於千呼萬喚，光鮮鮮出來：「她顯然是剛剛換了一身新裝，渾身通紅，像個爆竹。她的頭髮上濕漉漉的，顯然是抹了水。」

作者觀察得極其的認真仔細。頭髮上抹水，而不是吐沫，可見女主人是個乾淨人，買不起化妝品，可以拿水掩飾。清貧之家，是無須言說的。「像個爆竹」，則顯得女人的俗氣，和她的身份相符。

她的開場白卻是：「哎喲呵，新年大吉，『財神爺』駕到！」她說著笑著，走到「我」面前，親暱地捏捏「我」的手。再提「財神爺」。

啞巴可不答應了，他「猛地把她拽開，一副怒氣沖沖的樣子，黃眼珠子裡好像要出火。他用小指頭比畫著我的褲子，臉上不斷地變換著表情，嘴巴裡不斷地發出怪聲，最後，他啐了一口唾沫，還用穿著關東大棉鞋的大腳使勁地踩踩。踩得我屁滾尿流，恨不得立即逃走」。

啞巴對這個男人生疏，驟然看到妻子這麼待另外的男人，很不高興，誤會加深。果真「嚇」住了。那條「牛仔褲」是罪魁禍首。那年代穿「牛仔褲」的都是「小流氓」，不可靠的花花公子。啞巴以為妻子搭訕這麼一個人，危險，他必須制止。

女人上次見「我」之後，看來沒有告訴啞巴丈夫。她是不自信的，不以為這個小時候的夥伴會真的登門的。那時候他們一道做事，親密無間，如今他地位高，是軍官，是作家，她不僅毫無提升，而且丈夫是農村裡最叫人瞧不起的啞巴。這對她該是多麼巨大的打擊！她親自邀請，他都找借口跑了，怎能奢望他履行諾言呢？他的出現，滿足了女人的虛榮。

接下來的描寫，在啞巴那裡是平常，在常人眼裡就難得一見了：

冬妹對著他嗷了幾聲，伸出大拇指，指指我，指指我們村子的方向，指指我胸前口袋裡的鋼筆，比畫出寫字的樣子，又比畫出一本方方正正的書的樣子，又伸出大拇指，高高地舉起來——她臉上的表情也是豐富多彩。啞巴頓時滿面堆起笑容，目光溫順得像隻老羊。他短促地笑著，伸出大拇指，在我的面前晃動著。他指指我的心窩，又指指他自己的心窩，然後就跺腳、喊叫，感動得我差點流出眼淚。那兩個小傢伙還在遠遠地歪著頭看我。我把手裡的糖往前遞遞，說：「過來！」啞巴對著小男孩招招手，他們就像敏捷的小狗一樣蹦了過來，把我手中的糖挖走了。啞巴抓過來其中的一個小男孩，按著他的腦袋讓他給我磕頭。另外的那個小男孩也主動地跑過來，在我面前，一起下跪，給我磕頭，光頭上沾了泥土。

啞巴是性情中人，澄清了誤會，發現是貴人臨門，無比激動，再次被「嚇」，恨不得掏出心窩子。兩個小傢伙配合也默契，一系列的動作，就是不說話，讓人感到冬妹仍有幸福，畢竟有兒子能依靠。

接著的介紹又出意外，我們剛剛鬆一口氣，冬妹說：「一胎生了三個，像下小狗一樣，兩個小子，一個嫚，兩個啞巴，一個聾巴。」

看到這裡，我當即流下淚來。頓然感到世上所有的苦難，都給了這個女人，她該如何來承受？

到他告別時，她送他，才流露一點點，那是冰山下一角，讓人沉痛：

她歎了一口氣，說：「再送一程吧，十年不見，你成了大軍官、大學生、大作家，還能到俺家裡來坐坐，給面子不小啊！」「又來了，冬妹姐，你這是醋溜我呢，」我說，「騙子最怕老鄉親，我吃幾碗乾飯別人不知道你還不知道？你忘了我們一起去裝財神爺時，那些詞兒都是你編的。要不是社會的原因，你肯定會成為一個女作家，比我厲害十倍。」

在這個可憐的女人面前，必須維護她可憐的尊嚴，拼命埋汰自己，把自己拉下來，和她儘量扯平，那只有罵自己是「騙子」，等於是沒本事、混飯吃。要是正常，你何至於嫁給這樣的男人，你比我聰明、有才，你要是機會好點，肯定能成為像我一樣的作家，一定「比我厲害十倍」。這樣說是最恰當的安慰。

因為這就是造化，這就是命。一晃二十年。

她說：「過得真快啊，過得真快，好像只是眨巴眼的工夫，二十年就過去了！」

二十年前，「我八歲，她九歲。我家是中農，她家是富農。中農還是團結對象，富農就是階級敵人了」」。

作者寫到此處，急轉直下，一句話就交代了她的婚姻背景。講說起二十年前和她一起「裝財神爺」的經歷。

這是整部作品的高潮：

那年春天遭了大風，夏天遭了大旱，秋天遭了大水，莊稼幾乎顆粒不收。春節前夕，上級發下來救濟糧，說是要讓人民群眾在大災之年過上一個春節。中農基本上不算人民，富農不但不是人民，而且還是敵人，所以這救濟糧自然都沒有份兒。為了能讓一家人在大年之夜吃上一頓餃子，父親用他那套生了鏽的木匠家什，把一扇破門改成了兩張小飯桌，讓我背到集上去賣。來了一個自稱是稅務所的人，把桌子沒收了。父親踢了我一腳，然後就唉聲歎氣。母親眼淚汪汪。冬妹悄悄地對我說：「小三，不要緊，我有辦法，讓我們兩家都能吃上過年的餃子。」那個大年之夜，冰雪遍地。半夜時分，響起了零落的鞭炮聲。我心裡有事，早早地就醒了。有餃子過年，沒有餃子也要過年。父親起來了，點燃了油燈，給祖先的牌位燒香燒紙。趁著這個機會，我拎起一個預先就準備好了的瓦罐，溜出了家門。冬妹已經在我家的大門外等候我。她冷得直打哆嗦，話都顫了。她說：「咱們到東村去，東村比咱們村子富，還沒人認識咱們。」我們怕冷，治冷的最好的法子就是奔跑。我們奔跑在冰天雪地裡，地上的積雪在我們腳下吱吱咯咯地響著。跑到東村頭上，身上已經出了汗。我們喘息了片刻。她問我：「詞兒記住了沒有？」我說：「記住了。」

我們奔著光明去。哪家光明就說明哪家正在煮餃子。其實，閉著眼我也知道哪家在煮餃子。煮餃子的氣味在寒冷的深夜裡，是那樣的強烈和深入人心。記得我們初發利市那戶人家有一個高大的門樓，養著一條叫聲粗壯的大狗。叫花子與狗是死對頭，但我們不是叫花子，我們是給人帶來幸福和財富的財神爺。在我們家鄉，叫花子有一個最榮耀的時候，就是在大年夜裡。我提著瓦罐，拉著冬妹的手，站在大門口外。煮餃子的香氣洶湧而出。為了餃子，我高聲地朗誦起來：「財神爺，站門前，看著你家過大年。過大年，真正好，你家招財又進寶。快開門，快開門，開門搬回聚寶盆。送水餃，送水餃，金子銀子往家跑……」沒等我把冬妹編出的詞兒念完，大門就豁朗地開了。一個年齡與我相仿的小男孩，端著兩個餃子送出來。他一手端著碗，一手還舉著一個紅燈籠。當我伸過瓦罐去接餃子時，我們互相看清了。他驚詫地叫嚷起來：「嘿呀，原來是你呀，原來你就是財神爺呀！」他把餃子扣到我的瓦罐裡，笑著跑回家去。我聽到他在院子裡很響地喊叫著：「爸爸，財神爺是我的同學。」

聰明的冬妹原來是和他一起扮財神，給人拜年，要上餃子後，全家可以飽食一餐，抵償小飯桌被沒收的「罪過」。詞兒確實好，都是冬妹所編。

想像一個孩子在人家門前高聲唱誦，我不禁再次落淚。在這裡，作者以高超的筆法，把悲苦寫得似乎極淡，但是隱隱然又極深。

莫言寫作時若有若無地帶了歡氣、喜氣，幾乎是在講說一個很好玩的故事。我們無妨換位體驗，就可明白那樣的場景並非滑稽可笑，而是莊重的、嚴酷的、辛辣的、深不可及的。

最見奇特的是，要飯第一個安排在同學家。要的和送的均是驚詫不已，而同學的喊叫聲傳來，叫他很傷自尊。

這個村不僅有他的同學，還有他的老師。他望而卻步，想回家，不要了。是冬妹開導了他：「『古來要飯不丟人。我沒上學，我不怕丟。你提著罐子，看我要。』冬妹雖沒上學但絕對比我聰明。她口齒伶俐，越唱詞兒越花哨，引來一群人跟在我們後邊聽。一個老頭說：『國要敗了，出妖怪了。公雞下蛋，母雞打鳴。連財神爺都成了女的啦。』」

沒上過學的冬妹真的是「妖怪」，過著牛馬般的生活。

莫言說，這就是他走上創作之路的原因：春節過後，再上學，碰見老師，老師悄悄問：「大年夜裡是你裝財神嗎？」「是……俺家窮……吃不上過年餃子……」「你唱得很好，那個小姑娘唱得更好。詞兒是你們自己編的嗎？」我點點頭。老師說：「自古英才出寒門，努力吧！」

老師的話是鼓舞，是督促，是要求，「自古英才出寒門」，他不努力，「死路」一條。

無比努力的莫言卻謙虛，說：「我至今也還沒有走上文學之路，只好這樣裝神弄鬼地糊弄您。……俺爹曾經對俺說過：『常在河邊走，哪能不濕鞋？瓦罐不離井沿破，跟著巫婆學跳神。』俺這樣子像小毛驢子一樣虔誠地圍著文學轉圈子，久而久之的，沒準兒也就能沾邊上路了呢！」

這句話是一九八五年說的。如今他不僅上路，而且成為諾貝爾文學獎中國第一人。真是皇天不負有心人！

無盡的苦路

這段經歷，刻骨銘心，莫言再把它做成了地地道道的小說《白狗秋千架》，被改拍成電影《暖》，獲得第十六屆東京國際電影節金麒麟大獎，第二十三屆中國電影金雞獎最佳故事片獎、最佳編劇獎，等等。

構思上，這篇小說和《財神爺》有別。它多了一隻

莫言作品《白狗秋千架》

「白狗」，它是女主人的見證人、牽線人，陪同她十二年。十二年前，兩小無猜，她漂亮，她驕傲，她唱歌好，他高攀不上。兩年後他們分別，一別十年。男主角已在大學教書，父母遷居，家鄉無親人，難得回來。

小說也是從別後的見面開始，那次女主人是打水、挑水，這次卻是馱一捆高粱葉子。先寫那隻追隨她的「白狗」。一路鋪排，逶迤動魄。最驚人的那一刻，作者卻把它留在最後。由狗見人：

遠遠地看著一大捆高粱葉子蹣跚地移過來，心裡為之沉重。我很清楚暑天裡鑽進密不透風的高粱地裡打葉子的滋味，汗水遍身胸口發悶是不必說了，最苦的還是葉子上的細毛與你汗淋淋的皮膚接觸。……漸漸地看清了馱著高粱葉子彎曲著走過來的人。藍褂子，黑褲子，烏腳桿子黃膠鞋，要不是垂著的髮，我是不大可能看出她是個女人的，儘管她一出現就離我很近。她的頭與地面平行著，脖子探出很長。是為了減輕肩頭的痛苦吧？她用一隻手按著搭在肩頭的背棍的下頭，另一隻手從頸後繞過去，把著背棍的上頭。陽光照著她的頸子上和頭皮上亮晶晶的汗水。高粱葉子蔥綠，新鮮。她一步步挪著，終於上了橋。……我恍然覺得白狗和她之間有一條看不見的線，白狗緊一步慢一步地顛著，這條線也鬆鬆緊緊地牽著。走到我面前時，牠又瞥著我，用那雙遙遠的

狗眼。狗眼裡那種模糊的暗示在一瞬間變得異常清晰，牠那兩隻黑爪子一下子撕破了我心頭的迷霧，讓我馬上想到她。她的低垂的頭從我身邊滑過去，短促的喘息聲和撲鼻的汗酸永留在我的感覺裡。猛地把背上沉重的高粱葉子摔掉，她把身體緩緩舒展開。那一大捆葉子在她身後，差不多齊著她的胸乳。我看到葉子捆與她身體接觸的地方，明顯地凹進去，特別著力的部位，是濕漉漉揉爛了的葉子。我知道，她身體上揉爛了高粱葉子的那些部位，現在一定非常舒服；站在漾著清涼水氣的橋頭上，讓田野裡的風吹拂著，她一定體會到了輕鬆和滿足。輕鬆，滿足，是構成幸福的要素，對此，在逝去的歲月裡，我是有體會的。

她挺直腰板後，暫時地像失去了知覺。臉上的灰垢顯出了汗水的道道。生動的嘴巴張著，吐出一口口長長的氣。鼻樑挺秀如一管蔥。臉色黝黑。牙齒潔白。

故鄉出漂亮女人，歷代都有選進宮廷的。現在也有幾個在京城裡演電影的，這幾個人我見過，也就是那麼個樣，比她強不了許多。如果她不是破了相，沒準兒早成了大演員。十幾年前，她婷婷如一枝花，雙目皎皎如星。

女人幾乎被壓趴，男人無法看清她是誰，他是通過那隻狗，撕破「心頭的迷霧」，認出她的。

女人的負重，在這裡是具象的，比起後來的家，她現在尚「舒服」、「輕鬆和滿足」。勞累之餘的休息，是最為愜意的。

細節、動作、人物的心理變化，都寫得逼真形象，有一種詩意的美。如果不是「破了相」——無情的事實把這些美一錘打碎。莫言總要在最美好的時刻打破美，現出真實裡的「醜」，大拐一百八十度，比對驚人。

她的名字叫暖，過去的她「如一枝花」，不比那些電影演員差，也曾有機會出人頭地。天命不公。

這是作者設計的一個謎，帶有很大的偶然性。悲劇衝擊力不像《財神爺》那樣，女人是出身不好，具有共性。

接著，作者介紹她的「眼」有毛病，交代十年前，「要不是秋千架上的失誤給她留下的殘疾」，點明「破相」之處。

「結果」到此好像呼之欲出，人物命運不能不讓人懸心。

那時候「我十九歲，暖十七歲……白狗四個月」，他們是學生宣傳隊隊員，敲鑼打鼓，唱歌跳舞，迎接部隊。

「我」吹笛子，暖唱歌。人家誇「唱得不錯，吹得也不錯」。隊伍過了河，住在各村。文藝隊的蔡隊長很英俊，讓暖唱歌給他聽，說暖條件很不錯，「可惜缺乏名師指導」，「說我也很有發展前途」。

隊伍開拔，孩子的家長都央求蔡隊長把二人帶走，蔡隊長說要回去匯報，「年底徵兵時就把我們徵去」。留給人希望。

回到目前，他描寫她的眼，「左眼裡有明亮的水光閃爍。右邊沒有眼，沒有淚，深深凹進去的眼眶裡，栽著一排亂紛紛的黑睫毛。我的心拳拳著，實在不忍看那凹陷，便故意把目光散了，瞄著她委婉的眉毛和在半天陽光下因汗濕而閃亮的頭髮。她左腮上的肌肉聯動著眼眶的睫毛和眶上的眉毛，微微地抽搐著，造成了一種淒涼古怪的表情。別人看見她不會動心，我看見她無法不動心……」

他對她動心，自然是出於內疚。有一天他邀請她「打秋千」。繩子斷了，她飛入刺槐叢，一根槐針紮進右眼。如果不是他，她不會出事。殘忍的事實讓她所有的夢想破裂，本該美好的人生從此一沉到底，呼天天不應，叫地地不靈。寫出了《透明的紅蘿蔔》中眼為石片所刺的女人的後半生。說話尖酸，毫不留情：

「我嫁到了王家丘子，你知道嗎？」

「你不說我不知道。」

「知道不知道的，沒有大景色了。」她平平地說，「要是不嫌你小姑人模狗樣的，就抽空來耍吧，進村打聽『個眼暖』家，沒有不知道的。」

「我」穿的也是《財神爺》裡那條牛仔褲，這次有解釋：「城裡都到了人人關注時裝、個個追趕時髦的時代了，故鄉的人，卻對我的牛仔褲投過鄙夷的目光，弄得我很狼狽。於是解釋：處理貨，三塊六毛錢一條——其實我花了二十五塊錢，既然便宜，村裡的人們也就原諒了我。」

男主角出發。來到暖的家門前，喊一聲，同樣是屋裡有應聲，出來迎接的卻是「一個滿腮黃鬍子兩隻黃眼珠的剽悍男子」。兩個男人見面，對方的動作、手勢、表情，「我」的心理、反應、舉動都和《財神爺》大同小異，有的甚至一字未改，只是她所生的都是兒子，三個兒子都是啞巴。不過，這一次「我」是預先知道了暖的丈夫是啞巴，雖感突兀，描述更為精緻入微，但其震撼力已不如《財神爺》。

回到當年，蔡隊長走前親過她，他的話一下子不可信了。「我」聽說後「心中有過無名的惱怒」。她想嫁給蔡隊長，如果「他不要我，我再嫁給你」。她的漂亮讓「我」心跳。

現在的她「雙手交疊在腹部，步履略有些踉蹌地走出屋來。我很快明白了她遲遲不出屋的原因，乾淨的陰丹士林藍布褂子，褶兒很挺的灰的確良褲子，顯然都是剛換的。士林藍布和用士林藍布縫成的李鐵梅式褂子久不見了，乍一見心中便有一種懷舊的情緒怏怏而生。穿這種褂子的胸部豐碩的少婦別有風韻。暖是脖子挺拔的女人，臉型也很清雅。她右眼眶裡裝進了假眼，面部恢復了平衡。我的心為她良苦的心感到憂傷，我用低調觀察著人生，心弦纖細如絲，明察秋毫，並自然地戰慄。不能細看那眼睛，它沒有生命，它渾濁地閃著磁光。她發現了我在注視她，便低了頭……」

右眼本來是空的，這時「裝進了假眼」。這一個細節很重要，直接埋伏到最後才進行交代。

面對她的刻意打扮，他的心理反應也是不可忽視的。

他的憂傷，他的戰慄，他的不能細看，和《財神爺》裡的此處不一樣，後者裡的女主角，不幸的婚姻不是「我」促成的，她也是健康，身體無缺欠的。這裡的不幸，卻是因「我」而起，飛來橫禍，扭轉了一個人的生命軌跡。他起碼有責任，需要有所承擔，她可以要求他有所承擔。果然，她要求了——她叫他在這裡休息，她出去給孩子裁衣服，讓他「不要等我，過了晌你就走」，而後「狠狠地看我一眼，挾起包袱，一溜風走出院子，白狗伸著舌頭跟在她身後」。

這可能是訣別，女人對於愛過、恨過的男人，總得「狠狠地看」一眼。

他逗留許久，辭別出來，一路上安慰自己，覺得暖的男人「雖然啞，但仍不失為一條有性格的男子漢，暖姑嫁給他，想必也不會有太多的苦頭吃，不能說話，日久天長習慣之後，憑藉手勢和眼神，也可以拆除生理缺陷造成的交流障礙」。

那隻白狗接他來了，把他帶進茂密的高粱地。她在那裡等他。

「我信了命。」一道明亮的眼淚在她的腮上汩汩地流著，她說，「我對白狗說，『狗呀，狗，你要是懂我的心，就去橋頭上給我領來他，他要是能來就是我們的緣分未斷』，牠把你給我領來啦。」

……「你也看到他啦，就那樣，要親能把你親死，要揍能把你揍死……我隨便和哪個男人說句話，就招他懷疑，也恨不得用繩拴起我來。悶得我整天和白狗說話，狗呀，自從我瞎了眼，你就跟著我，你比我老得還要快。嫁給他第二年上，懷了孕，肚子像吹氣球一樣脹起來，臨分娩時，路都走不動了，站著望不到自己的腳尖。一胎生了三個兒子，四斤多重一個，瘦得像一堆貓。要哭一齊哭，要吃一齊吃，只有兩個奶子，輪著班吃，吃不到的就哭。那兩年，我差點癱了。孩子落了草，就一直懸著心，老天，別讓他們像他爹，讓他們一個個開口說話……他們七、八個月時，我心就涼了。那情景不對呀，一個個又呆又聾，哭起來像擀餅柱子不會拐彎。我禱告著，天啊，天！別讓俺一窩都啞了呀，哪怕有一個響巴，和我作伴說說話……到底還是全啞巴了……」

……「想來想去還是怨我自己。那年，我對你說，蔡隊長親過我的頭……要是我膽兒大，硬去隊伍上找他，他就會收留我，他是真心實意地喜歡我。後來就在秋千架上出了事。你上學後給我寫信，我故意不回信。我想，我已經破了相，配不上你了，只叫一人寒，不叫二人單，想想我真傻。你說實話，要是我當時提出要嫁給你，你會要我嗎？」

我看著她狂放的臉，感動地說：「一定會要的，一定會。」

「好你……你也該明白……怕你厭惡，我裝上了假眼。我正在期上……我要個會說話的孩子……你答應了就是救了我了，你不答應就是害死了我了。有一千條理由，有一萬個藉口，你都不要對我說。」

戛然而止。也實在不需要再說什麼了。小說到高潮，揭開女人全部痛苦的底細後，停住，顫動，如同無盡的樂音在空中迴響，越來越痛徹心扉。

她提出的要求則是石破天驚，她要個會說話的孩子，向「我」要，要得理直氣壯，要得感天動地，看著匪夷所思，其實很貼切。

《紅高粱》裡的女人可以默許姘夫殺夫，這女人連外遇都不敢。《金髮嬰兒》裡的男女兩地分隔，男主角在外私窺，女主角在家偷人，男主角回來把他們捉姦在床，女主角毅然決定離婚。《豐乳肥臀》裡的女主角上官魯氏，丈夫不能生育，只好到處借種，和男人廝混，接連生下七女，婆婆苛責，最後向馬婁亞牧師借種，才生下一對男女雙胞胎，卻都是廢物。丈夫和公公同時被日本兵殺死，她多年來受著婆婆的虐待，忍無可忍，便拿起棍子打死婆婆，獲得解脫。她的女兒們也紛紛和男人結合私奔，走向不同的陣營。

《白狗秋千架》裡的暖最為可悲，哀告無門，她沒有這些「自由」。她生活在一個相對封閉的環境裡，不得不過那樣的生活。

如果說《財神爺》裡的冬妹，遲早有逃離的藉口、機會——只要身份解凍，出身不受歧視，社會枷鎖破解，她有健全的五官身體，那就能找到更為合適對象的話，《白狗秋千架》裡的暖沒有這個條件。她只配守住一個啞巴。

暖的要強是飛不起來的。她是後天殘疾，從妙齡女郎，一下子摔入地獄、囚牢，經受的磨難更大，不得不慢慢匍匐，她已經屈從、認命，只是聽從內心的召喚，她需要借種，生下能夠說話的娃，作為終生的依託，解除無盡的孤苦與寂寞。

作為讀者，我雖然更為莫言的《財神爺》動容，更喜歡它的藝術風格，但從人物不幸的層次來說，我只能更傾向於暖。

《財神爺》是散文，容納了一些小說的成分，基本不需要虛構，起承轉合，揮灑自如，把大年初一討飯放在最後，是倒置，明是寫「我」，實是寫冬妹，寫那樣的天才，早早夭折在環境裡。

「自古英才出寒門」，好像是一大規律，卻也是以大量「英才」的早夭為鋪墊的。走出寒門，成為「英才」的概率極低，我們不可以氣餒。必須勇敢果斷，敢於在河邊走，不害怕鞋子濕，明知道有井沿，明知道瓦罐會在那裡破，也要抓緊機遇，「跟著巫婆學跳神」。

我們的師傅很多，能夠幫助的人很多，即使是詭秘的巫婆，也有值得「英才」學習的地方。

即使冬妹也是難得的「英才」，也有過燦爛的時刻，她編寫的唱詞動聽，朗朗上口，被人傳說，留下佳話。

她的聰明移植在「我」的身上，成為資源和力量。小學老師適時發現他的天賦，沒有歧視他的出身和貧窮，在他迷茫的人生時刻，加以點撥，成為一道遙遠的光，引導這個孩子去用心用功。

《財神爺》由於散文的要素更多，虛構的成分很少，一個活潑、智慧的女孩的身世才顯得淒慘。她的慧穎剎那間爆發，旋即消失。反復持久的苦難已將她的靈氣磨滅殆盡。她無須奮爭，無須改變命運，她從未上學，「文盲」狀態決定了她的高度。

《財神爺》是活生生的，是「素材」，《白狗秋千架》基於這個「素材」進行了加工，截取女人嫁郎、一胎生仨，孩子是啞巴這個基本的事實，進行豐富。牽帶上「我」，讓「我」成為她不幸命運的源頭。

早期他們在同一個起點上，她甚至強於「我」，長相、唱歌都不同尋常，念過書，十七歲還在念書，起碼都是高中生了。

他們青梅竹馬，秋千架摔碎她的夢，摔破她的人生，她的缺憾無法彌補。她主動放棄機會，和「我」不聯繫，稀裡糊塗嫁人，稀裡糊塗過活。

《財神爺》裡冬妹尚有個響巴女兒說話，《秋千架》裡的暖卻是三個兒子均啞巴。陪伴她的，她能夠對面說話的，就只有那條通靈的狗啦。狗見證她所有的不幸，牠帶他找到她。出場時女人身負高粱葉，到最後有了回應。她要在高粱地裡和心儀的男人野合。正如《豐乳肥臀》裡的上官魯氏借種，上官魯氏是為不能生男借種，暖是為找一個能陪她說話的人借種。表露出她的智謀，一種求生路上無奈的決絕。

她處處聽從命運來安排，把自己的計畫交給親密無間的狗，服從狗的引導。世間的人沒有一個能幫她，唯有身邊的畜生。這樣的人生尚存著希望。

她的男人「領會」她的計畫嗎？

他送別「我」時贈之以刀，是在為「我」壯膽？他能為「我」掏出心窩子，他的女人借給

「我」臨時用一下，借一個優良品種，就毫不稀奇了。

她選取「我」不僅在於二人青梅竹馬，而且是擇優，「我」是這一帶最好的「品種」，她終於等到，不能放過。她不再肯隨便找男人，她害怕「種」的退化，她的土壤裡再播都得是好種好芽。

莫言的《紅高粱》曾經感歎過種的退化，一代不如一代。《豐乳肥臀》裡的祖孫三代，也是一代不如一代。《秋千架》打住，它主動進行種的配選，打破一代一代循環而不「進化」的格局。

驚世駭俗，深合情理。

這是小說和散文的差異。《秋千架》是對《財神爺》的優化。

《秋千架》成為一部驚世的傑作。

早期的莫言，天才和節制並舉，將這些短小篇章，寫得精湛、含蓄、內斂，以人物為核子，一切圍繞人物，處處兼顧人物，濃墨重彩，舉重若輕，光華四射，只是為了突現人物的風貌，而不像他後來那些長篇，雖精彩不斷，焰火噴放，但不少時候過於放縱想像，汪洋恣肆，任詞語奔瀉，難免會把一些主觀的意向，離開人物，強加給筆下人物一些虛脫的汁素。

莫言的講演，莫言的散文（《會唱歌的牆》等書），莫言的許多中短篇小說，只要不是特別的長，無疑都是天才和節制並舉的範本，多數已成經典。他的長篇《豐乳肥臀》，寫得也相當成功。這是題外話。

第三輯

烘雲托月出「莫言」

英雄所以成為英雄，則因為他們經歷了常人沒有經歷過的死亡考驗，完成了使命。沒有死亡考驗，就不成其為英雄。死亡的形式卻大不一樣，能夠自主自己死亡的人性格多強悍，不能自主的死亡者往往受著使命、責任心的驅動，兩者都帶有崇高的悲壯美。

莫言戰爭小說地位的界定

引言

塑造英雄，一直是中國軍旅小說、尤其是戰爭小說的主戰場、主旋律或者「中鋒正筆」。英雄所以成為英雄，則因為他們經歷了常人沒有經歷過的死亡考驗，完成了使命。沒有死亡考驗，就不成其為英雄。死亡的形式卻大不一樣，能夠自主自己死亡的人性格多強悍，不能自主的死亡者往往受著使命、責任心的驅動，兩者都帶有崇高的悲壯美。主要人物的死亡更為如此。但從新時期軍旅小說的藝術、美學表現手法看，英雄人物的形象也不是一成不變，而是不斷豐富，內涵與技巧越到後來越見多樣化。

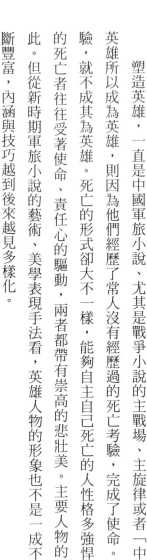

莫言作品對小說人物的拓展

一九四九年之後三十年來的戰爭小說，一般只寫部隊的正面和內部，極少涉及社會問題對於軍人性情的折射，尤其看不見難以避免的社會陰暗面。最典型的如《上甘嶺》、《黎明的河邊》等。南線中越戰爭爆發後，收穫了《亞細亞瀑布》（朱春雨）、《山上山下》（宋學武）等，但在這方面具有突破意義的是李存葆著的《高山下的花環》。

這部小說首先寫了一位高級首長太太胡爽，怎樣利用不知不覺、長期累積起來的權力關係為兒子、媳婦、親友謀好處。作為胡爽的兒子，趙蒙生有了這個支撐，方能有恃無恐，並串帶出其他英雄的故事。所以，吳爽凝聚了作家本人對於社會的認識、思考與批判精神——當年同樣身為英雄，她可以出生入死，為政權的成立作出貢獻；後來漸漸變質，變質的原因在於「文革」時期極左的政治思想影響，衝擊了整個國家和部隊的道德、行為準則基礎，一切工作表面化、簡單化，孳生、蔓延官僚作風，甚至產生了虛偽和不學無術，後果貽害無窮。戰士「小北京」就死於「文革」時期生產的不合格的「臭彈」上，從而對「文革」作出了最有力、最直接的控訴。

有了這樣的背景，那位直率坦蕩、肝膽照人的靳開來才會滿腹牢騷，抨擊不平之事。再後來他犧牲後因此沒有立功，再一次顯示了官僚作風頑強的生命力，發人深思。

這樣的開局，寓意深遠。它形似戰爭，實際上是以「戰爭」之外形和英雄事情來批評社會，揭露了此前不被揭露的問題。

《花環》這類戰爭小說的一個共同點就是走上戰場的已是正規軍人，一旦死亡來臨，他們也都是作為正規的軍人獻身。這與中國軍隊成員組成的實際情況一致——他們要麼是戰士，要麼是軍官，對部隊已不陌生，受過扎實、完整、系統的軍事訓練與教育。

正規軍人戰爭故事中的特例就是「準軍人」形象——「學生官」。「學生官」形象是後來才被發現的。作家從這個嶄新的角度切入，的確可以寫出新意，反思一些和過去不一樣的東西。引起較大反響的是江奇濤的《雷場上的相思樹》，寫的正是這樣一批「準軍人」。

此前，軍旅小說中的軍人形象都以「團體」身份出現，他們沒有「個體」意識，當國家需要的時候，無不義無反顧地走上戰場，即使像《花環》那樣的小說，英雄人物也是被「團體」意識覆蓋的，通篇彌漫了慷慨昂揚的悲壯氣息。《相思樹》不然，它首先關注「學生官」，通過塑造這些特殊人物的形象來熱烈地執著於探索戰爭中的軍人，除了作為「軍」的群體價值性以外，其另一方面作為「人」的「個體」價值之命題。戰前，這些大學生把戰爭想得那麼天真浪漫、意氣風發，因而豪氣沖天，有一股天不怕地不怕的虎勁，把個體價值實現很自然地融入國家的需要中。但是他們接受過高等教育，自醒意識強，當命運急促地將他們投入戰場，一下子跨越了和平與戰爭之間的精神鴻溝時，對於突然外加的一切，每個人都得鑄造新的自我，經歷由百姓到戰場軍人的心理轉變。

面對無時不在的死亡威脅，他們彷彿一下子成熟了，對戰爭有了新的看法和認識，戰爭和人性表現就拓展到了深層，突現了一批有思想的新型軍人面對生死抉擇時的靈魂搏鬥，寫到了戰爭的殘酷和對「個體」生命的蔑視與無情吞噬。

畢業於農學院的「菜農」，大學畢業後本該回老家「致富」，可他是班上唯一的黨員，不得不帶頭走進軍校，來到前線。中途畏懼想跑，不料被發現，遭到同伴的誤解，自尊、人格受到深深的傷害。戰前鋪墊下這些有目的：他是一位從自卑到自信，從動搖到堅強，從怯懦到勇敢的新人形象。由於他的年輕沒經驗，也由於他的過分看重別人的評價，為了洗脫自己「貪生怕死」當逃兵的壞名聲，後來他以死明志，身滾地雷壯烈犧牲。這種獻身方式未必恰當，但它與人物的年齡、心理、學養吻合，作家讓他這樣去死，我們不感到突兀，相反，會被他的人格力量深深打動。

培養一位大學生不容易，到戰場以後，誰將犧牲、誰會活著卻不由自主。如果都是「菜農」那樣的知識份子獻身，那麼即使勝利了我們付出的代價也實在太大。

後來「學生官」專門被請出來，以至於朱秀海的長篇小說《穿越死亡》中特意安排了一位陰錯陽差、十二歲考取大學的上官峰——他高考時多報五歲，五個志願中有一個必須是軍校，不料居然被最不可能錄取的這一個錄取，命運對他來說有點殘忍和荒誕不經。畢業後這位剛剛十七歲的孩子已經做了一年排長。現在要一個孩子帶著自己的排去打仗，真叫人不可思議。再說，如此一個早熟、難得的「天才」，應該有更合適的位置，應該碩士、博士地念下去，將來搞研究、發明、創新，為社會創造更大的價值。因此上官峰怕死。他的「怕死」是基於對自身的價值定位，與一般戰士不同：「我讀過大學，他們沒有……我在死亡中失去的不只是生命，還有畢達哥拉斯、牛頓、高斯、伽利略、愛因斯坦，還有他們領悟的人類的非戰爭的使命，還有幾千年來全部的地球文明或者太陽系文明，還有我自己不知道也沒有享受過的一切人的幸福……」

命運卻從不過問道理，對他開了天大的玩笑，把他趕這兒來，每時每刻都可能報銷，他現在不得不放棄理想、追求，成為一個「生存意義上存在的人」，而「不再是思想意義上的」——被理性完全拋棄後的他真正屬於了戰爭。

郭米克的《穿迷彩服的兒子在微笑》，則構思精巧、語言洗練、心理描寫入微，和茹志鵑的《百合花》具有異曲同工之妙，他和劉恆的《虛證》一樣，主角未出場，他是一個假想裡的「逃兵」或戰俘。

小說寫中越戰爭結束後兩周，兒子廉亞昆還沒來信，在民政局優撫科當科長的媽媽（袁茵）思念、牽掛，內心沒一時不為他焦慮，表面上平靜如水，唯一能做的僅僅是看看兒子穿著迷彩服的照片，默默對話，以解相思。她是一位英雄的妻子，丈夫去世後，對兒子更寄予期望，兒子從軍後，也一直當他是真正的戰士，真正的戰士是不會給母親丟臉的，戰場上一定有出色的表現。

可是第一輪打擊來了，連長寫信說，兒子作戰勇敢，但是失蹤了，一直沒找到。兒子去哪兒了呢？他要麼當了逃兵，要麼做了俘虜，而這兩者，在傳統意識裡都是可恥的，不是真男兒所為的，何況兒子有這樣一位母親——她寧願兒子英勇獻身，也不希望他給家庭抹黑。

時間一天天過去，周圍的人都起了疑心，懷疑科長的兒子叛逃或被俘，袁茵的焦慮逐步升級，日益想念兒子，去兒子參軍前下放的地方，打聽兒子的生活細節……她想從中找到能夠證明兒子不是懦夫的證據，可又寧願他被俘，甚至逃跑——活著比什麼都好，榮譽算什麼，兒子的生命高於一切！她矛盾著、猶豫著，心靈備受折磨！

不久兩國俘虜交換釋放，兒子不在其中——莫不是真做了逃兵，至今還在越南人的國土上躲藏？母親動搖了，有時候就快垮掉了，強作鎮靜地為烈士們的親屬送去慰問。但是她配嗎，有那樣一位不爭氣的兒子?!兒子的失蹤不光拖累了母親，他的連隊也因此受損，沒有授予稱號。

「為什麼一輛坦克，別的同志都犧牲了，獨獨他要活著？」這是個問題。戰友們對他議論紛紛，盡發牢騷。說他本來犧牲的決心就不大，上戰場前到演出隊借來老鄉的道具，那身演美國兵的迷彩，想的就是到時候保存自己，當逃兵。母親怎麼都不信，「她在心理上為兒子築起了最後一道防線」，重新振奮，機關的人見了，背下裡都稱她「鐵女人」。她頂住流言。

最後還是那位連長偶然發現秘密，在醫院的球場上，一群傷患打球時：他看到其中一名戰士身上的佩物，本是亞昆的，現在卻佩在他身上。連長忙追問，戰士說是「戰利品」，從一位穿偽裝服的小子身上摘下的，那人已死了，和一個越南兵死在一起，死在樹林邊。

根據他的敘說，連長發現，原來他們在打掃戰場時，沒有留心那身「怪皮」——亞昆借上戰場的迷彩，一次疏忽，錯過了。就這樣，兒子終於做了烈士！

「廉亞昆同志壯烈犧牲！」做母親的接到電報後，失聲喊叫，再也堅持不住，哆嗦著，良久才啜泣起來，聲音沉重、窒悶，在辦公室嚶嚶嗡嗡地回蕩……

這是一個十分獨特的視角，以一位母親巨大的心靈承受力，來突出人物心靈世界的波動，她對於他的種種追溯式回憶，實際上既是在交代英雄的「前史」，過去她投射在他身上的影響力，他的環境，他的生活，也是「現時」的他對她正在發生的影響，檢驗一位英雄的母親，檢驗更大的社會環境——人們對於這一家的看法，他們的觀念，他們的作為，等等。同時，通過「檢驗」我們不難發現，在這種環境下，人物的個體意識淡薄，他們都不得不努力克制自己的親情，背負起沉重的包袱，內心悄悄畸變。所以，很難想像亞昆一旦真做俘虜或逃兵後他母親將怎樣，他人又如何。

真寫到俘虜，並將這個話題推向極致的，是黃國榮二〇一二年推出的長篇小說《碑》。小說的情節推進雖快，看起來很像電視劇，跌宕起伏、驚心動魄，然而同步揉進大量細緻逼真的心理分析，深得齊威格神韻，剪裁有度、不枝不蔓。

小說為戰俘立傳：邊境戰爭，英雄身負重傷，成為戰俘，五年後交換回國，依然受虐，籠罩在全天候的精神歧視中，主人公不斷振作，每一次又都被戰俘身份擊倒，無論在軍營還是轉回老家就業安置，辭職後去特區做民工、當保安，始終英武幹練，不屈於命運的奚落。正像黃國榮說的，《碑》的核心是「如何對待戰俘。年輕人可能根本沒見過戰俘在我國所受的苦難，他們為國流血拼死，結果比那些罪犯還生不如死」。

題材未免沉痛，常人很難理解。畢竟現時代多數人恐怕一輩子也遇不上戰爭，遑論「戰俘」，它遠離於我們的生活，即便軍人，能夠成為「戰俘」的概率也極小，在和平年代裡做了「戰俘」，則幾乎聞所未聞。因此過去表現這類人物的長篇小說還沒有見過。

黃國榮恰恰寫的是一位真正的戰俘邱夢山，他在戰場和戰後的表現，橫跨戰爭與和平年代，妻子、孩子、父母的命運次第改變，變得面目全非。

面對軍營、戰場、敵兵，邱夢山遊刃有餘；面對親人、社會、難友，邱夢山無能為力。其中打擊最大的岳父，在得知他的身份後，徹底垮塌，心臟病突發猝死。妻子確認他是戰俘邱夢山後，除了吃驚，就是告誡自己絕不能認他，「即使沒改嫁也不能認他，要認了他，兒子這輩子就不可能有出息」。本可正常的心態，就這樣扭曲、畸變，承受起強大的精神、心理壓力，這種壓力常人無法體驗。

現實生活裡，黃國榮曾經遭遇「戰俘」。二十世紀八〇年代邊境戰爭，黃國榮擔任某師政治部副主任。他的一〇八個兵，被抽調補充上了戰場。「有兩個戰士一直銘記我心。一個是火箭炮營一連一班班長李豐山，家裡已經聯繫好，他復員後，去美國繼承爺爺的遺產。……還有一個是我們師籃球隊的杜大個子，身高一米九左右，他到我宿舍走後門，懇切要求上戰場。……他說我參戰，要是犧牲了，是烈士，是英雄；要是不犧牲，立了戰功，火線可以提幹，不提幹回來也可以進軍校，我這輩子命運就改變了。」他們去了，不久聽說兩個人都犧牲了。黃國榮很為他們難過。直到二十多年後的二〇〇六年，老部隊復員戰士來北京看他，告訴他，那個杜大個子並未死，而是負傷昏迷做了俘虜，交換回來後復員回了老家。這讓黃國榮無法平靜——死者已矣，那個活著的杜大個子，上戰場前想到了立功、提幹，就是沒想過當俘虜，結果立功、提幹無份，還是復員，並且背上「恥辱」這一沉重的黑鍋，深深打動黃國榮的心，促使他寫出

《碑》，「用它來祭奠那些為國流血和犧牲的戰友」。

這樣的經歷很難得，也不幸。小說本就寫奇人奇事，不奇不獨特，「無巧不成書」，關鍵看怎麼寫。假使黃國榮真的把焦點只聚於「如何對待戰俘」上，奇則奇矣，那格局就小了，《碑》就小了。

在我看來，《碑》的主題開闊宏大，它的核心其實是表現人之為人的尊嚴，不服輸的民族氣節，無論是戰場，還是就業、打工，邱夢山與同事不和，對頂頭上司瞧不起，抵觸參戰，訓練時吃苦在先、用人得當，作戰時靈活機變、調度有方，經商時引進外資、敢做敢想，對於同為戰俘的李蜻蜓等人，受苦受難時主動承擔保護之責，都是一種逆境裡的掙扎，逼出來他的男兒血性，潛意識中以為是軍人就不能失敗，他瞧不起失敗。

戰場上的邱夢山頂天立地，頑強拼命；和平歲月，他要對抗歧視戰俘的世俗，憑靠自己的能力幹出驚天動地的成績，來扭轉敗勢。

然而，戰場上有形之敵他能夠打敗，和平環境裡的「敵人」隱埋在平庸的生活裡，滲透於人們的觀念中，不僅關乎能力、習慣，而且關乎方方面面的利益、關係，總有人拿戰俘問題整他，刁難他，疏遠他，孤立他，將他逼走，奪他的位置，逼得他失去妻子、孩子、親人，一無所有。就在他出現轉機，事業、愛情唾手可得，即將成功時，他卻獻出生命，成為戰場與和平年代裡的雙料英雄，讓人不得不痛心地停下來思考：難道英雄都不得好死？我們的社會為什麼苛待英雄？你我是否幫兇？莫名其妙地歧視、作踐他人，是社會的惡習，還是觀念的流毒？我們何時有一個清明人道的機制，來阻止悲劇一再發生？如果他不是英雄，是懦夫、逃兵，又怎樣？

從歷史來看，俘虜常見，逃兵多有。但是生命高於一切！海明威在《永別了武器》裡，寫了主人公二戰時受傷後，因養傷愛上護士凱薩琳，目睹戰爭的種種殘酷景象後，毅然脫離部隊，和凱薩琳會合，逃往瑞士。這類事在描寫當代戰爭的中國小說裡，則幾乎不可想像。

黃國榮同樣未加迴避，寫到了一個逃兵彭謝陽，他害怕上戰場，害怕去丟命，隊伍開拔前開槍打傷左腿膝蓋，被處理復員回家。為此邱夢山的連隊受到批評和整頓，一行人帶著彭謝陽留下的陰影、包袱，灰溜溜奔赴前線，精神氣先自敗泄。直到邱夢山立下軍令狀，組隊拿下無名高地，才振奮軍心、改變衰局。但是這個小人物在邱夢山來到特區，做了保安後又一次出現，作家通過彭謝陽無意中透露出邱夢山的底，讓小人抓住邱夢山曾為戰俘的把柄，把邱夢山擠走。

可見，區區一個「戰俘」身份對人物傷害的程度，黃國榮盡其可能把這種程度寫到了極點，在極點處讓主人公死去，隨之而來的妻子的悔悟、戰友的諒解、社會的理解，戛然而止。

以此說明它是一個沉重的枷鎖，一輩子附身，彷彿文革時期的「黑五類」、「反革命」，幾乎是「一失足成千古恨」，威力比孫猴子頭上的金箍還要厲害百倍，畢竟只要唐僧不念緊箍咒，孫猴子自可不受金箍的約束，一旦做了「戰俘」、「黑五類」，卻時刻會受到不公的待遇和精神心靈的折磨。攤在誰頭上，哪怕這世上只有一個人攤上，那也意味著滅頂之災。

「戰俘」身份就帶了一定的象徵性，世俗不會痛痛快快接納他們，也不給他們上進、改進的機會，連同他們的親友、兒女都成了次等公民，飽受不公不平的待遇。對邱夢山而言，這還是顛倒黑白，把本來的脊樑、支柱和民族英雄，莫名其妙地劃為典型的「敗類」。

從社會心理層面說，歧視某些人、不給出路，其他人會有一種高高在上的自豪、榮譽感，獲得一點可憐的自信、自尊，越是難以自立的環境，越會如此。這正是我們這個民族一再內耗、不自重，把人逼上絕路的根本。

這樣的絕路堵在一位真正的英雄前面，無論他走到哪裡都陰魂不散，給英雄帶來如此巨大的災難，其拷問、鞭策到的陋習、機制、民族心理，確實觸目驚心，值得我們反思和懺悔。

不過我們無須悲觀，因為從邱夢山身上，倒是量出了我們這個古老民族的精神高度和心理深度，我們能夠汲取他忍辱負重、自強不息的力量。

只要有力量，不叫自己趴下，就無人能打倒，遲早會成就一番事業。

這是《碑》留給世人的啟示，也是邱夢山精神的光輝、動人之處。

《紅高粱》則摔開所有這些正面人物、正面形象，第一次不寫正規軍，不寫戰俘，而寫抗日游擊隊，並且是無組織、無歸屬、自發的抗日武裝。

據莫言介紹，他家鄉山東高密曾發生「孫家口伏擊戰」。一九三八年三月十五日國民黨抗日游擊隊曹克明部，率領四百人伏擊日本巡邏隊，擊斃日本板垣師團中崗彌高中將等三十多名日兵，受到國民政府的通令嘉獎。駐膠縣日軍進行報復，殺害一百三十六名村民，史稱「公婆廟慘案」。

「這件民間抗日故事，一直被排斥在官方正統敘事的歷史教科書之外，同樣被遮蔽的歷史事實，在當時思想解放的背景下，越來越多地被發掘出來，並以文學作品的形式表達出來，對文化反思、歷史思考，都產生著巨大的推進作用。這個故事啟動了莫言身體深處一直被當時正統敘事格式所壓抑的靈感，他如一口枯竭的水井，突然被打通了土地深處的泉眼，酣暢淋漓的語言和故事噴湧而出，徹底顛覆了此之前『官述歷史』記憶，對當時新歷史敘事模式具有篳路藍縷之功」。（葉開）

《紅高粱》既不寫國軍、共軍的正規部隊對日作戰，也不寫常規游擊隊抗日，而寫地方上的土匪自己組建武裝，自己策劃伏擊，因而無請示，無彙報，無上級，無平級，無策應，想怎

麼打就怎麼打，「老子天下第一」，可以「最英雄」，也可以「最王八蛋」。《豐乳肥臀》裡對日本士兵、日本軍列的伏擊，也帶有這種野身份。

這樣的人物，和《水滸傳》裡的梁山好漢無異，都是民間的、自發的、零散的。只是不排座次了，更加原始了，沒有定點，打一槍換一個地方。同為山東好漢的莫言，應該得到過它們的影響。對於當代戰爭小說而言，無疑是史無前例的，具有開創性。

至此，可寫的人物似乎已窮盡，但還有那些和平年代裡熱尚於「英雄」的壯士，他們生錯了時代，英雄無用武之地，只好靠著模擬的戰爭來過癮。如柳建偉的《突出重圍》，朱蘇進的《醉太平》、《引而不發》等。

《突出重圍》裡的軍區副司令方英達，身患絕症後念念不忘的是自己親自帶出的那支部隊，一當面臨高科技戰爭條件考驗時能不能打勝，如果得不到肯定的回答，他寧可不住院治療，寧可早死，也要讓演習搞下去，直等親眼見到他們「突圍」，認為「及格」，方才閉眼。在他身上凝聚了濃厚的、「落後就要挨打」的憂患意識，突出了軍隊高級將領為軍隊建設大業「視死如歸」的精神品節，在英雄主義主題不變的前提下，灌注時代的精神氣息。

把和平生活中「生當作人傑，死亦為鬼雄」的軍人情懷和尚武精神推向極至的作家則是朱蘇進。他筆下的英雄主義不同於旁人，其特點在於道盡日常狀態下職位不及方英達那樣高的普通軍人一心渴望戰爭，報效祖國，立功揚名，不願過平靜生活的心理意識，但他們處於太平盛世，總在「引而不發」的臨戰狀態，即連虛擬的戰爭演習也碰不上，青春被耗盡，他們仍需耐心地等待、嚮往。所以，他們對於戰爭的膚淺而不失浪漫的信念單靠戰時那種驟然爆發的、高度自覺的犧牲精神來支撐已不再可能，而變得無奈、韌性、被動無助，甚至可憐兮兮，孤苦伶仃地掛著，很難有知音，很難說他們還「正常」。

朱蘇進相信人心中有永世長存的戰爭根源，戰爭不必滅絕、不能滅絕，相反它使人擺脫平庸瑣屑，所以這位作家最不具備平民意識，捨不得把軍人處理成凡俗、平常之輩，無視、同時也不認識甚至抵制庸常人物的內心世界、生存狀態以及凡夫俗子的喜怒哀樂，對平民心靈不熟悉、不體貼，熱衷於有悖常情與常理的「偉大崇高」、「超凡脫俗」。這不僅顯得想當然、不足信，多數情況下也很不可愛。因此我們不能不疑惑難解：除了戰爭、打仗以外，軍人還能幹什麼？作為個體化的「人」其價值理念、精神危機、困惑苦悶、世俗打算又在何處？朱蘇進是不是一根筋、鑽進了牛角？

除開這些個體角度的發問以外，若單論軍人這一職業群體的價值——從這方面說，僅僅從這方面說，朱蘇進也許才算得上是深刻的，他的理想軍人形象是純粹的、沒有「瑕疵」的，應乎軍隊建設之要求。但是這樣的人存在嗎？

朱蘇進的渴望打仗如此，追求愛情同樣傲視群「庸」。

《醉太平》中的劉亦冰先是有過一次不成功的婚姻，有著強烈的戀父情結。這位女子的父親太「傑出」了，是軍區司令，「官當到你這個程度，應當沒有什麼遺憾了」，因此他是她親眼見過的最優秀的男人，相形之下其他男人就成了小兒科，很難得到她的愛情。

終於愛上一位季墨陽，因為他身上最具備父親的氣質。但一個是有夫之婦，一個是有婦之夫，即使他們相愛，他也只能躲著她，防備她父親不高興，影響前程。不幸她患上絕症，快死了，日子不多了，臨死前她總得趕緊抓住點什麼——她不怕死，她擁有一個「第三隻眼」，對現世人生看得比常人清遠深透，庸人不知道生活中的那些「騙局鬧劇」，「超人」如她其「第三隻眼」卻瞧得明白。這樣她的精神上就有了一個制高點，有了輕蔑、鄙視、憎惡他人的條件，而且受父親影響，她怕平淡甚於死亡，因此一輩子都不甘心淪於庸常，時刻想讓人吃驚，死也想死得矚目一些。最後她跨出決定性的一步，與情人私奔，度過幾天蜜月。

在真正的愛情面前，人間的道德、倫理、規矩、名譽……又算得了什麼？也只有這樣去愛了，那種愛才不平凡、不平庸，新意盎然而超凡脫俗，符合作家的唯美理想。

在這裡作為籠罩死亡的光暈，「美」覆蓋了死亡，它讓我們看不到人物背下裡的悲觀厭世、骯髒醜陋、卑微低賤、頹唐痛苦與現代人所謂的漂泊、無意義感，有的只是昂揚向上的生命沉醉、生命飛揚、生命高貴，從而以審美的尺度代替了道德、倫理、理智的尺度，生活被作家美學、藝術化，因此否定、背離了芸芸眾生的生存狀態——惟其如此人物方能抗拒道德、倫理或規則、理性，超居於其上，不接受它們的束縛。

這類人物都是正規意義上的「英雄」，具有一定的「神性」，為普通人所不敢想像，即使想了也很難做到，畢竟軍人的生存狀態是嚴酷的、艱辛的。平凡之人的七情六欲與精神世界都是平凡的，很少能叫人驚心動魄。尤其是和平環境下，人物行為背後的思想感情、內心世界豐富複雜，比之單純的行為、動作更動盪博大，給人美學的震撼力，啟人思考和覺悟。

一九九〇年前後，另一批軍旅文學自覺地與時進退，作家們焦點內轉，貼進去感同身受，小說逐步平實、現實，向著朱蘇進們相反的方向走去，消解了人物身上的諸多光環，多數反映一個問題。問題最先局限於軍內，至「農家軍歌」代表人物閻連科、徐貴祥、陳懷國、石鐘山等才開始觸及社會問題，象徵了一種新的轉向與變化。

比較而言，在這方面藝術成就最大的是閻連科。他的總體成就，甚至不比師兄莫言遜色。和朱蘇進完全相反，閻連科的人物通常是最庸常實際、緊緊貼著苦難和大地的。小說主人公一般是農家出身的連隊基層軍官，經過了當兵、提幹這兩步，距離提升副營、家屬隨軍、徹底逃離土地尚有一坎。此時的心理活動、情感變化最複雜。命運緊要關頭往往不擇手段。

這裡是軍人的另一個戰場，這樣的戰場同樣是試驗人性的最佳處所。《夏日落》圍繞槍丟、士兵死亡事故進行調查處理，其「死亡」就是用來展示人物心靈世界的契點——主官互相諉過算計，極力證明自己與事故無關，不致提升泡湯，否則前功盡棄，因為一旦轉業，妻子兒女將逃不開土地！

以女人為主角的也有不少突破。《紅高粱》裡的「奶奶」自不必說，和平年代裡，女人更有一種美，折射了軍營生活所缺那一角。

唐棟的《兵車行》故事奇特，構思精巧，寫的是「我」（秦月）在喀喇昆侖山上的一段純真情誼。具體行文時，兩次「兵車行」交織在一起寫，使結構緊湊嚴密。

作為女衛生員，「我」經常去下面的哨所處理病員。一次搭乘上官星的車，二人談得十分投機，並一起經歷了生與死的考驗，完全因為有他，「我」才化險為夷，所以這段路使二人萌生感情，它那麼朦朧，又那樣美麗，像昆侖山上的瓊雪。這次，院長親自來派「我」下去執行任務，而且是去上官星所在的哨所。「我」急於想見他，連驅司機快開。司機卻慢騰騰的，徒增人的思念。意想不到的是，直到哨所，「我」才知道這次上官星又隨「我」走了一路，只不過「我」坐在駕駛室，他躺在後面的車廂裡，「我」活著，他已經犧牲了，犧牲於巡邏途中，送醫院後沒能搶救過來，留言要葬在哨所，與冰雪為伍，永遠做昆侖山的兵，但他請求組織讓「我」來為他送行，因為他沒有一位親人，戰友中只有「我」是女性。領導怕「我」知道後高山反應加重，支持不到目的地，決定一路對「我」保密。這種結尾方式顯得很突兀，但是很自然，戰士雖然犧牲了，但他美好的心靈世界直與日月星辰同輝！「我」為他作出的這一點犧牲，又算得什麼？何況我一直牽念他，如果他活著，「我」和他也許就走到一塊兒呢？

這是一次沒有結果的愛，留在女兵心中的永遠是聖潔！

《突出重圍》中英雄的遺孀江月蓉則是生生地立起了「貞潔」牌坊，重新產生愛情後卻改不了嫁，因為人言可畏，怕影響對方的仕途進步，最後遠遠地逃開，去多少獲得一些「自由」，但她的精神何其之苦痛！它反映在軍隊樹立「典型」和「模範」時，應該適度，尤其是烈士的妻子，不要總叫她永遠活在烈士的陰影裡。

同樣，方英達鞠躬盡瘁、死而後已，能有這樣的結果已經很了不起，起碼他死後沒有任何遺憾，可以完全地放手、脫手，但那位畏罪自殺的副師長呢？一貧如洗。他的妻子，尤其是那位特別實際卻沒有能耐的女兒怎麼辦？從此走向墮落？

這是普通人的處境，占了軍人中的絕大多數，更值得關注。陳懷國的《農家軍歌》、柳建偉的《王金栓上校的婚姻》、黃國榮的《陌生的戰友》及《兵謠》等小說關心的正是這類普通人，其中的死者各不相同，構成的關係種類大體概括了所有的可能：父母去世後子女（前軍人）的出路、命運；隨軍女子是寡婦；軍人之遺孤、遺孀；與軍人情投意合、卻不能走到一起的寡婦。

《農家》裡的父親去世時留下妻子和五個孩子，日子艱難。做母親的將孩子一個個送出去當兵，這可不是高覺悟，而是因為窮，到隊伍上起碼能吃幾年飽飯，「催催那還未長成的身子」。

對於流血、打仗、犧牲，農家人也沒有什麼高級的思想，純粹當它是一樁十分現實的交易、買賣，當它是當兵人的本分：「皇糧養著身子，性命歸了國家，丟了也是該著的事情，只當是在自己身上剜了一疙瘩肉。」

事實證明交易划得來：大哥、二哥沒出息，在部隊幹不出名堂，卻都抓緊時間在退伍前連哄帶騙娶到了老婆。三哥、四哥沒當兵，就當了光棍。輪上「我」了，「我」參加高考，老天不保佑，落了榜，沒幾天「媽突然死了」，是由於承受不了「我」落榜的打擊的。「我」怎麼辦呢？繞來繞去，最後還是選擇當兵。同樣是基於現實的考慮與算計：「那部隊的糧養人呢，像農肥一般，催苗。長得壯實，就能留下來做軍官。」

當兵的企圖如此，嫁軍人的企圖同樣如此。《王金栓上校的婚姻》以「荒誕」的筆法寫王金栓利用自己可以讓妻兒隨軍的條件，結婚又離婚，離婚又結婚，把一個個花朵樣的年輕女孩子帶出窮鄉僻壤的故事。其中一位是自己的侄媳婦，侄子死了，留下一兒一女，族裡人防賊一樣防她，她夜裡睡覺頭下都枕著刀；他憐憫她、同情她，和她結婚，徹底改變了他們娘兒們的命運，叫人讀來備覺滑稽可笑，骨子裡卻是無奈的、苦澀的、嚴肅的、沉痛的。

到《陌生的戰友》中，即連這類「好事」也看不見了，原始的生存狀態逼迫人們選擇了「無情」、「自私」——參謀牛有原死後，不僅生前的研究成果被盜，而且他的妻子改嫁，唯一的孩子跟著瞎眼奶奶過。至於他們如何謀生，只有天知道！

小說作者黃國榮通過虛構這樣一件「死亡」故事，來探討我們應該如何識人、做人。視角切入比較精巧：「死亡」在前，倒走鏡頭，隨著主人公的查尋，死去多日的「陌生的戰友」牛有原慢慢出鏡、定格、形象放大，一位默默無聞、不事經營、老實本分的知識份子形象逐步露現出來。

這是作家一貫的思想底色——講良心，同情普通人，賞識厚愛那些具有真才實學的人，直面生活中的苦難不幸，不瘟不火。這在他的長篇小說《兵謠》中表現得尤為突出。

《兵謠》中的鄉下女人白寡婦據說是「下身白」，是「白虎星」，「命太硬」，「剋夫」，碰過她的男人就得死，連動了壞心思的人胳臂都得摔斷，所以她雖然長相耐看，男人卻都不敢要，「鄰居見她也遠遠地躲著她，生怕讓她給剋了」。加之這地方窮，連掙錢的路都沒有，過日子就難了。後來「下放」來的部隊農場場長古義寶幫助她又遭人嫉妒、非議，他們彼此喜歡卻因軍隊紀律不能走到一塊兒。這使我們不能不想：假使沒有古義寶的幫助她會怎樣？假使對她有好感的古義寶調離以後她怎麼辦？

莫言的小說很少關注這些瑣事，他或許知道，一旦把人放進組織、集體裡，放在序列、秩序中，也就無法天馬行空地自由發揮與想像了，他不想拘束，不要拘束，他的人物身份都須簡捷，最好是光裸裸，他自由催使人物，拿他所說的「寫作時我就是皇帝」。人物也就抽象了，帶有寓言和象徵的性質。

他的《金髮嬰兒》情節、人物就相當簡單，具有顛覆性。他直面的是性壓抑。女人在家伺候瞎眼婆婆，溫良賢慧。男人在外當兵，對裸體雕像上的女人，用望遠鏡窺視，鬧出許多笑話。女人為給婆婆治眼，和一個小年輕結交，漸漸控制不住心頭之欲，二人同居。男人回來捉姦，同居的黃毛被判刑，女人為他生下「金髮嬰兒」，等著黃毛出來，要和當兵的男人離婚。她出門買肉時，男人掐死嬰兒。一對本來品性極好的男女，人為分隔兩地，性壓抑帶來悲情和悲劇，最後家破人亡，真實而殘酷。

不過，「皇帝」也得守一定之規，過於破規的語言、人物、環境、細節、場面，乃至歷史、心理，有時就得不償失，我們在莫言後期的作品裡，能越來越多地見識。

莫言作品對小說境界的拓展

比較戰前，具體戰爭過程的描寫相對簡單，無非偵察、前進、埋伏、包抄、交火等。英雄都是經此而成為真正意義上的英雄。此時若能縱橫開闔，穿插前後相關性內容，使人物縱深立體化，同樣可以寫出複雜與深度。

以往的小說卻很不講究，穿插的東西既少，方式也單一，基本上採用了平鋪直敘，至多加一些插敘和倒敘。主要精力放在人物外部動作和特徵的描摹上，側重於講故事。這樣的人物就缺乏變化，出場都是勇敢無畏、堅定崇高，除了作為點綴的愛情以外，再難有其他私人空間。這樣，即使他們可能遇上挫折與曲折，但是無傷大雅，基本上很順利。

從一九四九年中國當代軍旅文學的開山之作《火光在前》到《活人塘》、《保衛延安》、《林海雪原》、《鐵道游擊隊》、《紅日》，一直到老一代作家完成於新時期的《東方》，甚至至到《第二個太陽》，都是這樣寫過來的，英雄們的認識、覺悟、內心世界比較簡單直白，所有人都能拿魏巍所著《東方》主人公郭祥的告白來一以括之：「生命是寶貴，但是我從來不把我的生命看得比革命重要，我從來不把個人的生命看得比人民的生命寶貴。……我既不怕眼淚，也不怕鮮血。……如果有死亡擋住去路，我就要給死亡以死亡！」作為「真正的戰士」，英雄們都懂得「在通向勝利的路上，不是鋪著天鵝絨般的地毯，而是鋪著人血和鋼鐵」。

寫成這樣不是不可以，然而從意念到意念，依然停在表面，沒能鑽進人物靈魂世界的深處，沒有寫出人物心靈世界的動盪波瀾，作品就很難具有生命力。

典型的犧牲場面則由《第二個太陽》可見一斑。

兵團副司令秦震的女兒白潔和師長陳文洪相愛，解放戰爭中白潔被捕，作為政治犯關押在武漢。陳文洪帶部隊趕到之前特務們突然殺人滅口，這時白潔高呼戰友們起來反抗，與特務拼命。那邊機關槍掃射過來，這邊白潔以身相護，遮擋著子彈；待陳文洪衝到她身邊時，白潔恰好倒下，只看他一眼，話都沒說就犧牲了。

作者的目的、意圖是想製造一個由大喜而大悲的情節，有意將白潔的死安排在一九四九年十月一日之後，說明勝利之不易，這樣的死更能震撼人心。可是，當小說簡潔得全剩下故事，沒有旁的東西時，從藝術、美學的角度看，它就不足為據了。

後來作者也寫了女兒犧牲後秦震夫婦所受的打擊，從而引出全篇主題——若干年後秦震乘船來到武漢，遠見長江大橋上萬盞燈火（人造的太陽）；晨曦初上時火霞滿天，驕陽出世，已經分不清哪是太陽哪是燈光了，而白潔就在裡面微笑。作家由此感歎自然創造的太陽光華、美麗，人造的太陽（第二個太陽）則更美。

不言而喻，在秦震心裡，女兒的犧牲是值得的——作品再一次掉進窠臼，回到了《火光在前》，彷彿四十年人生於作者全是靜止的。

《高山下的花環》寫到戰鬥中英雄們的表現，其手法也是常規的，不比他人多出什麼。唯一稍有變化的是戰士「北京」的壯烈獻身——他手中的炮彈一次沒響，第二次還沒響，仍是臭彈，結果被早已盯上的敵人襲擊身亡。要不是臭彈，他決不會犧牲。他的犧牲寄託了社會性因素，引人反思其故事背後的社會因素，而不只是控訴戰爭本身。

受條件限制，一開始作家們對於戰爭的態度，一般是激昂的。比如出現在《花環》之前的雷鐸的《男兒女兒踏著硝煙》，塑造幾位青年戰士群像——他們帶著文革留下的創傷，走上戰場。戰爭熔鑄著他們的信念和理想，淨化著他們的心靈。透過硝煙，我們看到了作為戰士的美好的情感世界，他們受傷的心弦發出的音符。主人公楊羚大戰前夕在出征的人流裡與丈夫侯筱聰吻別，戰爭間隙在黑沉沉的暗夜與鮑嘯的墓穴對話；在全線反擊炮火持續十分鐘後，楊打開收音機聽到一段敘情曲；侯書生連長站在剛剛攻克不久的陣地望夜空炮火想吟詩；鮑在戰場上消釋了對他的同學、紅衛兵時期的仇敵的全部芥蒂，聽到侯犧牲的消息後，代為戰友復仇的一腔怒火重返戰場……這些多少都帶了夢幻般的浪漫情調，可又是普通男兒、女兒們在戰場上極其平凡、普通的感情流露。

其時的作家都未意識到要把他的筆觸伸向人物心靈世界內部，不只停留在一般的意識層面，而要突入人物縱深的私心秘密處。這委實還和傳承與尺度問題相關，並非全是作家們刻意疏忽。

即使長篇小說《亮劍》，也未脫離講故事的傳統，寫的是人物傳奇。一些作品有所突破，他們分別在自己的代表作《歷史的天空》（徐貴祥著）、《雙兔傍地走》（張衛明著）、《穿越死亡》中寫出了戰爭心理。稍見瑕疵的是它們都過於明白，借來西人心理小說之技藝，對本國傳統卻比較生疏隔膜，背後耐人琢磨的東西不多，意味乃稍顯不足。

《天空》那一段是小家碧玉韓秋雲開槍打日本鬼子：這位女孩子心慈手軟，她根本不會打仗，就是會，心理上也承受不了——打仗應該是男人的事，是需要意志、膽量的暴力行動。但現在不是討論該不該的時候，他們碰上敵人了，那就開槍吧。

只見她「真要打槍時，手指卻硬得像根鐵棒，不聽使喚」，急得她就快哭出來了。但是再不開槍活著回去後可能得挨罵；實在要打了，又不知瞄哪兒好，心跳得厲害，兩手抖索——狠狠心，咬牙切齒要摳火，便把手指勾上扳機，而後閉上眼睛，心一橫，摳了一下就什麼也不想了，單等那驚天動地一聲響。

「邪門，等了半天毫無動靜。」她心裡更發毛：這槍怎打不響呢？老不響隊長回去不是也要罵嗎？睜開眼一看，原來二道火還沒有打開。這一耽擱敵人消失了。她的心反倒隨之輕鬆。心裡一鬆，手頭一緊，槍走了火，恰到好處，一槍打中個日本人。

「就那麼一下子，手指稀裡糊塗地緊了一下，她就把一個東西釘在了那個稚氣未脫的日本小兵的身上，剛才他還活蹦亂跳，眨眼之間再也不能嘰哩呱啦地喊八格牙魯了。」後來想想這日本兵有點眼熟，十足的念書娃，白白淨淨的——他們本來素不相識不該有仇，可是他背著槍來到中國也就成為她的「仇人」。

她立時起了幻覺：那具慢慢冷卻的屍體正在蜷曲著蠕動，像一條冬眠的蛇。在這個世界上，真正讓人噁心的便是死人，親手打死人更覺噁心。現在極度的恐懼潮水般湧上心頭，手指只要一觸扳機，胸口就會泛上一股血腥來，要吐。她當場就昏過去了。

這一段細寫開槍殺人前後人物的心理變化與想法，符合其性格、教養特徵。

《雙兔》裡把人物推上戰爭生死線，使人物的神經繃到最緊，探索它給人們留下的心理後遺症。對這些已在戰場上走過一遭的軍人來說，戰爭不再是作戰計畫、命令、紀律，不再是戰爭史名將傳略以及勝利者受人尊敬的名字，也不是拉開距離進行反思後才會產生的憐憫、同情，而是一種既現實又具體的恐怖而瘋狂的非理性環境。在這種環境裡，每前進一步，都可能失去最寶貴的生命，每個人都在接受死亡的考驗，此時戰士的心理，就不能用《西線軼事》裡的「大家都沒有打過仗，沒有打過仗的人，往往首先肯定的就是自己要犧牲」來概括，它概括不盡，多數時候，人們是抱了僥倖，以為自己能夠活下來，在特別殘酷的、就快完全失去理性的生存條件下，這種僥倖往往成為激勵戰士的最後一點希望或本能性反應，沒有退避，置之死地而後生，前仆後繼、奮勇向前，行動裡多的是「悲哀」，少的是「壯烈」，有時候前者把後者吞噬。

《穿越死亡》是戰爭心理描寫上的集大成之作，無比真實地再現了具體戰爭環境下軍人的這種真實處境與心理衝突。它認為一場緊張、黯淡、殘酷、冷色、崩潰神經的戰爭，絕對會磨滅人的鬥志。因此，作家寫了具體的「崩潰」和「磨滅」過程。這在以前是不敢想像的。

小說寫了一個最不會，也最無可能打仗的連隊，到戰場後不由自主遭到最為激烈殘酷的戰鬥，由於急燥、訓練不夠、極度怕死，而身心、意念痲木，僅靠本能在支撐著向前衝鋒。

這些人物形象，不僅沒有削弱英雄的精神內涵，相反它更見真實，更合乎人性，更與現實裡的普通人接近。由此我們詛咒的就不僅是敵人，更是戰爭本身了。

身為軍人，他們多半是在半懂不懂的狀態下走上戰場，因此很容易暴露自己乃至整個部隊，多數就會死得不明不白、稀裡糊塗，如秦二寶、李樂、姜伯玉、岑浩、劉有才、陳國慶等。而以往以為的戰爭生活的激動人心、可歌可泣，和平日子的平庸瑣屑、無意義、無價值，在一場戰爭過後所有人都改變了——那支部隊，打到後來已疲憊不堪、無聲無息，對生存不再眷念，也沒有了對死亡表露恐懼、驚慌和痛苦的力氣，對於他們來說死就像回家一樣，以至於身臨一線的指揮員劉宗魁最後寧願上軍事法庭，也不願讓戰士去攻打六三四高地。

所以，這裡的軍人後來的英勇赴死，已不是為了勝利，而僅僅是近乎條件反射地履行自己作為軍人的職責——如此，殘忍的戰爭即便勝利了也會顯得悲壯，勝利讓人們高興不起來，連讀者都要沉浸到痛苦裡去——我們全被痛苦穿透，像《凱旋在子夜》結尾處揭示的那樣。加之小說主人公江濤一開始並不珍惜生命，也不把戰爭看做一民族向另一民族顯示自己力量決心、維護利益和尊嚴的特殊方式，而當它是實現個人願望的場地，使得這場戰爭更見無情。

其實，戰爭中的每一個人，包括它的最高決策指揮者其身份使命都與兵士一樣，都是在某個歷史時期用自己的生命保衛國土。戰士使命的光榮性正體現在這裡。抱著狹隘的個人目的上戰場就不能融入戰爭，一旦居心不良，就可能像江濤那樣淺薄、倨傲、暴戾而不可一世。

這個人直到戰爭奪走心愛的女人，自己被迫親自帶人攻打最後一個山頭，方始覺悟，真正體會、明白了戰爭猙獰可怖的一面，從而走出個人小天地、小境界，內心變得寬廣、深沉、柔和，懂得了同情與憐憫，懂得了和平時期的每一天都美麗詩意——過去的江濤像一位烈士那樣死於「戰場」，一顆新的靈魂誕生。所以，這也是一類「死亡」——靈魂的死亡，靈魂的以新代舊。

《高山下的花環》中也有過類似的「死亡」事件，第一人物趙蒙生正是經歷戰爭洗禮後靈魂刷新的——戰爭過後他也是徹底換了個人似的。但它們有不同，尤其是二者的基調很不一樣——趙蒙生受的是「外傷」，靈魂懺悔後走向崇高或高尚，往上走以彌補自己的差失，傷口很容易彌合；江濤傷在內心，難以癒合，靈魂懺悔後只能往深處或開闊處走。

如果說前者繼承前人處更多，在這方面反映出的思想主題比較一般的話，那麼後者側重的則是開拓和創新，一般作品裡涉及不到，卻更符合普通人的情性，突破了一貫樂觀昂揚的調子。

《死亡》裡的其他人物犧牲時也很悲壯。比如到達六三四高地後第一個死去的林洪生，他踩響了腳底的地雷，引得沒沉住氣的敵人開了槍。

中彈後的林洪生「生命已經消失，因此再也感覺不到肉體的痛苦，腦海裡殘留的意識卻如同稀薄的雲團，絲絲縷縷地漂浮著。『我到底還是為勝利做了些事情。我發現了敵人的雷區，別人就不會踏上雷了。……我讓敵人提前暴露了，今天全連的戰鬥就是另一種打法了』」。

消失了的生命到底有沒有這樣的「意識」？許是作家的故弄玄虛，或者有意叫人物出面，把自己交底比別人來得更真切、誠實、別開生面？

而姜伯玉、岑浩各帶部隊爭搶頭攻，最直接的目的居然不為勝利，不為民族，不為祖國，不為……而是為自己多一份危險，以便減少另一方的負擔和犧牲之可能，他倆的交情甚至超出了全部的「集體」！

這理應歸功於作家心理描寫的成功。但小說不是為心理而心理的，它需要和諧地溶解到完整的故事裡，為豐滿、深化個性化人物的精神、心靈世界服務。《穿越死亡》多半時候忽略了這些，不少出場人物靠的是簡單履歷的羅列與介紹，它有意於塑造英雄們的集體群像，無意中削弱了每個個體的藝術生命力。

喬良的《靈旗》不以此顯著，它的成功在於對戰爭本身的認識，有較多的新意。該小說取材於湘江戰役。那一戰以後八萬紅軍僅剩三萬，是敗得最為慘烈的一次血戰。當時不僅蔣軍、桂軍、民團殺紅軍，普通百姓殺紅軍，湘江殺紅軍，連紅軍都殺起了紅軍，結果血漲江流。那時候主人公青果還很年輕，普通一個百姓，只因看到紅軍留在當地的傷患被殺的慘狀不可忍睹，便行動起來，為紅軍報仇。村裡人不知道有人報仇，他們說殺紅軍的兇手遭到了報應，被鬼勾走了魂。這就寫出了紅軍事業的孤立、不被理解以及戰爭的殘酷、血腥與慘不忍睹。

朱蘇進的《欲飛》，乾脆前所未有地把筆觸伸向了戰場屍體火化場，寫了戰爭帶來的死亡恐怖以及它如何使一個個朝氣蓬勃的生命變成一條腿、一隻胳臂、半截胸——即使這樣，死得也值。

在這些作品的烘托下，反觀莫言的名作《紅高粱》，可見其價值。在這裡，有了真正意義上的現代性與傳統性筆法的水乳交融，既寫到了人物內部的心靈世界，又窮盡其渾厚的內涵，藝術地突現了意象美，在死亡內容、死亡形式上再一次作出了有力的突破。

莫言是一位對死亡極其敏感的作家，小說裡曾大量地寫到死亡，比如《秋水》中黑衣人的死，《老槍》中大鎖的死，《枯河》中小虎的死，《築路》中劉羅鍋和孫巴子的死，《紅高粱》中奶奶戴鳳蓮和羅漢大爺、余大牙、任副官、戀兒、成麻子以及一大批游擊隊員的死，《豐乳肥臀》中上官家男人的死，打日本兵時游擊隊的死……所有這些人物的死都很少讓人產生恐懼、悲涼的感覺，既不像其他作家作品人物那樣以一個人的犧牲換來群眾的安全、全局的勝利，也並非如小蟲般無聲無息地消逝，而是各有自己獨特的結局，都以「死亡」來換取人生最絢爛奪目的瞬間。把人物生命的消失，寫成了「美」，他是以賞玩的心態來寫死，寫怎麼樣殺人——這在著名的、讓人心驚肉跳的《檀香刑》裡最為明顯。

《紅高粱》中的余大牙是面向臭水灣子死的。他腳下是個水汪汪，野生著綠荷和一枝瘦小潔白的野荷花。槍斃他時，他朝著灣子對面光芒四射的高粱，吐口高唱：「高粱紅了，高粱紅了，東洋鬼子來了，東洋鬼子來了，國破了，家亡了……」

見此情景，人們很容易把他聯想成視死如歸的大英雄，其實他的死是因了身為隊員，卻不守紀律強姦民女，任副官為了嚴明軍紀要求殺他，司令是他的侄兒，這時也救他不得，只好同意把他槍斃。

他自知死有應得，求情無用，也就唱著任副官所教的歌，坦然向死。要不是長期自由自在的土匪生涯習慣了，積習難改，他完全會成為英勇殺敵的好漢。因而這個人的可恨可殺中透出可愛可惜的另一面。這支部隊的性質決定了他的死，只不過是恰好撞在槍眼上，完全能夠不死。這裡的「任副官」並非是國民政府派駐的大員，完全是這支私家軍的「教師爺」，相當於《水滸傳》裡十八萬禁軍教頭林沖。

余大牙死時場面的處理和渲染，亦突出了死之美——客觀上刑場污穢不堪，有著「一汪汪烏黑臭水，孳生大量蚊虻蛆蟲的半月形灣子邊。灣崖上孤零零地站著一棵葉子焦黃的小柳樹。灣子裡撲撲通通地唱著蛤蟆，一堆亂頭髮渣子邊上，躺著一隻女人的破鞋」，但余大牙站在這地方，注意的是荷花、高粱，唱著抗日的歌，一個罪犯的死也就像志士慷慨就義那樣美好了。

這是人生的無奈，也是人性中跨不出去的極限。

羅漢大爺的死有所不同，在他的生命毀滅中有一種殘酷的真實美。大爺臨終前的戰慄，剝皮時精細刀法的描繪，鮮血與胴體、痙攣與呼號，戮者與被戮者，指使、旁觀者的不同形象，使我們感到真切的痛苦，也感到了生命的不同生存形態在極端環境下的不同顯現——即使是豬馬牛，我們看到如此血淋淋的文字也很難接受，可這就是歷史，這就是真實。

日本侵略戰爭的慘無人性激起了鄉親們的自發武裝，「拿起刀，拿起槍，拿起掏灰耙，拿起擀麵杖，打鬼子，保家鄉，報仇雪恨」！可以說整部小說便立於這個「仇恨」的基礎之上，是血腥的事實刺激出以後一系列的反抗、屠殺和反屠殺。因此，大爺死時精微細末處的刻畫，有一定的必要和必須性。不像《檀香刑》，多為品味殺人之「藝術」。

極端地說，《檀香刑》全書就是對《紅高粱》裡羅漢大爺「剝皮」的放大，無窮地放大，藝術地放大，加入歷史和文化地放大，無所顧忌，終於殺得「盡善盡美」、「登峰造極」。

二奶奶戀兒的死和羅漢大爺的死接近。

作為母親為保女兒免受日本鬼子傷害，她不惜露出胴體，橫陳在鬼子面前，顯出「無私的比母狼還要兇惡的獻身精神」。在這樣的情節面前，我們甜膩膩的神經為之驚顫——生活苦難中有著獻身的美，人世卑污中有著人性的聖潔，它以最瘋狂的形式表現出來，顯示出生命的絕望與頑強，光彩的母性超拔於苦難污穢之上，震撼了讀者，也震撼住敵人。

過去的作品曾有不少寫到日本鬼子侮辱我方女人的場面，比如《苦菜花》，但只有這個人物作出了「主動」選擇，受辱者比起那些束手就擒的人，就多了些英雄的品格，把一切男人似乎能比倒。母性如此偉大，我們為之動容，敵人也為之膽怯。

記得有一次莫言對我說，戰爭小說不僅要感動自己，感動別人，還要感動敵人，讓你的敵人都說好。

《紅高粱》當得起，許多日本人就被它所感服。當年的「敵人」，現在成朋友。

莫言作品對小說主題的拓展

戰爭結束，我們的主人公都會是「英雄」——意志堅定、人格偉大，自然要受到獎勵或紀念。

一般作品寫到這裡基本上就結束了，也應該結束了——人生最輝煌的一頁掀過，此後必然平淡。

其實這還是很老式的思路，沒有關注英雄的「後事」，「後事」大有文章可做——他們遺留下來的問題，有些是無法克服的，比如給親人帶來的痛苦、缺憾；另有些純粹屬於社會性原因，例如親人如何面對英雄犧牲以後的事情，從中可以見出那些歷史的、社會的問題，尤其在相對和平時期，這些問題往往具有普遍性，因而更值得關注與開掘。

最先作出突破的同樣是《高山下的花環》。全新地繁衍「後事」，以「後事」為主體，把人物之死作為引子來寫的是莫言的《紅高粱》。而拿「後事」大做文章，把它推向頂峰的則是黃國榮的《碑》。

從內容看，《花環》在「後事」處理的突破上至少有三大方面：一是揭露「文革」之罪，由此反思體制之弊；二是英雄（靳開來）蒙受誤解，為國獻身而不得應有的評價，說明簡單的官僚作風貽害無窮；三是梁三喜留下的血淋淋的帳單使我們聯想起軍人以及他們的親人在過著怎樣艱辛、艱難的生活，又默默承受著何等沉重的負荷——她們帶著乾糧，寧可步行捨不得坐車，也要省一點錢還債，不肯接受他人與組織的捐助和幫助！

繼徐懷中的《西線軼事》標誌新派軍旅文學崛起後，李存葆為軍旅文學開拓新的局面做出了巨大的貢獻，梁三喜、靳開來、郭金泰、彭樹奎等人物刻畫的成就，在歷史與社會生活的廣度和軍內矛盾性格衝突的深度上為軍人形象的塑造拓展了嶄新的藝術天地。此前已有孟偉哉的《一座雕像的誕生》等產生廣泛影響，其總體格調是昂揚的。《花環》卻是個悲劇，人物身上都具有一種悲壯美。它的故事結構則是事後（趙蒙生）「回憶錄」，其中有懺悔、有思索、有真情，主人公將自己從打退堂鼓到經受磨練到卑下的靈魂得以洗滌與轉變的具體過程和盤托出。

如果僅止於此，那麼小說也難免落於俗臼，不會產生如此大的社會影響。它令人耳目一新在於沒有束縛在個人境遇或情感的哀傷悲歎上，單純地羅列事蹟，把人物寫成完人，一味昂揚向上，而是從生活出發，將思想、性格、情操化為真實形象，個性栩栩如生，每個人都有其性格、心靈的軌跡，以戰爭發生前後部隊生活為重點，在表現部隊與社會聯繫、軍隊內外各種各樣的矛盾衝突和對細節、心理的刻畫中展示人物風貌，揭示社會、反思歷史、控訴戰爭，引起療救的注意。更以驚人之筆進一步發掘了「事後」普通人物的人性內涵。這樣的悲劇在當時也就具有了深刻的道德教育作用，喚起人的崇高意識，提升了人的品格，激發了人的意志，強化了「位卑未敢忘憂國」的主題。

因此，這種結構又非單純的回憶錄能比，而是敘述中有自述，過來人說胸懷，審視內心世界，將戰前、戰後與戰場描寫三大塊融為篇幅幾乎相當的和諧的整體，突破了以戰爭過程為框架的格局。高潮也不在勝利那一刻，前有軍長的摔帽子罵娘，後有大娘等人的還債上墳。具體敘述時則以英雄們的種種「死亡」折射社會積弊與歷史重負：副連長靳開來的犧牲引起的共振和為之而不平的呼聲最大。他經常發牢騷，挑上面的刺，臭在一張嘴上。話說回來，靳開來的「粗野」源於自己的直率、不設防，莊戶人家出來的腦子不會拐彎，樸實可靠，坦蕩而又肝膽照人。

有些人不會如此理解，在那樣險惡的戰爭環境條件下他為搞甘蔗犧牲，沒能立功，上面對於他的評價卻是「靳開來此人，思想境界一貫不高，是個牢騷大王。戰前提他當副連長，他說讓他去送死！再說，他是為一捆甘蔗死的，嚴重地破壞了三大紀律八項注意且不說，死得不值得嘛」！

多麼堂皇的官話！「文革」極左政治工作的衝擊波哪能一夜之間就隨之消去呢？它造成了一些人的高高在上、脫離實際，聽不得正確的批評意見，聽不得和他們不一樣的「牢騷」——這些牢騷真就是牢騷嗎？

戰時軍人所做的一切都是為了最有效地贏得最後的勝利，所以，靳開來的犧牲早已不是什麼值不值的問題。而且其思想境界的高低單單以說不說牢騷話來衡量，未免顯得淺薄，對不起死去的烈士。

連長梁三喜又有不同，他身上折射出時代的光芒。他是一個「完型」，也是作家心目中的理想人物，不存在任何缺陷：熱愛部隊，責任感強；清貧，連牙刷都捨不得買；應該休假了卻幾次三番不放心擱下；得知趙蒙生臨陣脫逃的調令來了，平時寬厚克己的他再也忍不住，義正嚴詞、怒髮衝冠：「你滾蛋，你給我趕快滾蛋！……奶奶娘！……你不會不知道你穿著軍裝！」要不是激將或許趙蒙生就走了，梁三喜也不會因為掩護他而作出無謂的犧牲！造化愚弄，人是逃不出命定的宿命的！

犧牲以後，他留下一個帳單、一份遺書，帳單是還債的，遺書是勸說妻子改嫁的，流露出的崇高情懷與美好的心靈世界使人動容側目。

這個人必須死，只有這樣小說才能成為完善道德的表現場所，喚起讀者巨大的道德感，達到對支撐趙蒙生意念、行為之後盾的憎恨（當時只能這樣寫）與批判之目的。那個小小的帳單同時也是作家悲憤發洩的憑藉，更是一個「道具」，通過它，軍人的世界與時代精神相通，脈搏和普通人的利益諧振，這就把軍旅題材社會化，不僅表現出軍隊內部的矛盾衝突，更著力地描寫了人民軍隊和革命老區人民的血肉深情、命運關聯。

民眾的利益和願望永遠是樸素、偉大的，它們是一批批「位卑未敢忘憂國」的軍人們英雄行為的精神之本，從古至今，我們都有著這樣的民眾、這樣的軍人，建立在這個基礎上，「位卑未敢忘憂國」才有了闊大的背景、厚實的歷史內涵，從而深邃親切。

不過，此處的「位卑未敢忘憂國」很難說是個體精神、理性自覺的選擇，通常都是淹沒於群體意識中，因此，多少削弱了悲劇人物的精神力度。

如果說在《花環》裡還不太明顯的話，那麼到了《山中，那十九座墳塋》就進一步突出來了，那「裡面積澱著盲從與迷信」，對於郭金泰諸人的愚忠不僅不予反思、批評，相反不無肯定、讚揚，它暗示如果他有一個好上級，獲得正確思想路線的指引，他就能夠實現人生價值。這和一大批的「改革」文學、「大廠」文學所流露出來的「青天大老爺」情結何其相似乃爾！

假如這個人物獨立剛強一些，更多些個體的理智、精神，破除精神依附呢？那會怎麼樣？如果能這樣，那麼可以肯定，犧牲就可以避免，純軍事性的龍山工程的悲劇就可以避免，甚至文化大革命、各種「左」的、右的政治運動……這一切都能夠避免。可惜，我們的民族十分缺乏個體精神的自覺。《花環》、《墳塋》的作者同樣。或許每個人都有自己的「大限」？

《歷史的天空》則考慮到了人物的個體精神意識：作為國民黨的一支「後娘養」的部隊的最高領導，石雲彪受不了持久的歧視，終以一個職業軍人獨具一格的姿勢賭氣戰死。他死於抗日，而非同室操戈；他的死促成上峰對他的更不放心，逼得他們全團起義，投靠了共產黨。所以，這樣的死是「明智」、自覺的個人選擇，體現了作家的匠心。而東方聞音又是在迎接石雲彪的起義軍時遇難的——她不能不死，如果不死的話這個近乎完美的形象就被糟蹋了，要麼她只能「壓住」梁大牙，「英雄」矮化，梁大牙永無出頭之日，以後的戲就沒法兒往下演。為了

梁大牙，為了她自身形象的完美，東方聞音只好死去。此處的死是不得已的。❶

比較一下八〇年代初期的《花環》與九〇年代初期的《穿越死亡》中的兩封遺書，這個差別就更為突出了。梁三喜的遺書中只有對「國家」的責任，對妻子、老母卻彷彿不那麼牽掛，以為一切自會有組織幫她們解決，所以他遺書上還不忘「教導」她們：沒有戰爭就不會有軍人。兵總得有人帶，國門總得有人守，江山總得有人保。當我死後，你和娘作為老革命根據地的人民，不要給組織和同志添麻煩。不可提額外要求。人窮志不短。國家還不富，要想著國家的難處。做人如果連起碼的愛國心都沒有，那就不配為人！

《死亡》中劉有才的遺書不然，知道提要求，「麻煩」組織了：「如果我犧牲了，請不要為我記功。我的願望是請地方政府幫助我家買一頭耕牛。我是個獨子，父母都老了，我擔心我死後父母親沒有牛無法耕種責任田。」

自古忠孝不可兩全，但是二十年以後再看這類事，我們不妨設問：人都犧牲了，為了年邁的母親活得更好，梁三喜為什麼不能向「國家」、「組織」提一點小小的要求？況且這一家已經沒有男人，他就那麼放心而去？提要求難道就玷污人物的精神、形象？盡可能地表表孝道，像劉有才一樣不是更自然、更樸素、更人性、更合情理，同樣也更為可愛、可敬嗎？

小眚不隱大德，梁三喜這一形象是劉有才無法望其項背的，並且這一批評畢竟是二十年後就作品本身所作的分析、認識，事實上如果考慮一下當時作家具有的條件限制，那麼今天的要求無疑是苛刻的。

把個體意識大肆張揚的是韓靜霆的《孫武》——為了證明自己的才能，實現自己的野心或理想，孫武曾經冷酷無情，以至於勒令臨戰動搖的將軍自殺。後來發現了他非人的一面，見到了戰爭的殘暴，以及自己軍隊的燒殺搶掠給普通百姓生命財產帶來的深重危害，幡然醒悟，再不好戰，而是推崇了「慎戰」和「不戰而勝」。策略不被實現時則逃戰、避戰，自尋解脫去了。

裘山山的《我在天堂等你》寫的則是人間至愛：離休將軍歐戰軍得知三女兒木槿有外遇鬧離婚、小兒子木鑫經營的超市被查封的消息後召開一次家庭會議，不歡而散，突發腦溢血不治身亡，引發家庭混亂。一向沉默寡言的母親白雪梅開了口，講述了五十年前進藏女兵們美麗的愛情故事——原來自己的六個孩子並不全為親生，四十多年前他們夫妻約定不讓孩子們知道出身，讓他們親兄妹一樣地一起生活，好叫先行去世的戰友夫婦安心在天堂等著他們。現在歐戰

❶迫於無奈的這一處理方式蒙作者親口對我提示。

軍走了，去天堂守等妻子了，白雪梅不能不沉浸在痛苦的回憶裡，讓心靈翔飛，現代婚姻與幾十年前的愛情之間便拉開張力，發人深思。

從上述這些表像透露出的消息看，我們的戰爭小說內核一直在隨同時代靜悄悄地變化，支撐它的作家理念、環境、條件，到二十世紀九〇年代以後根本改觀，越到後來，軍旅小說越是卸棄了道德、責任等「藝術」之外的過於沉重的「包袱」，卸棄了群體化的思維模式，個體的、理性的、美學的、非倫理的動機、因素日益加強，而這樣的加強對於真正意義上的小說之推陳出新來說，起到了很好的清掃與培護作用。

莫言筆下的人物自然跳開了一切干擾，不和組織發生關係，只和生命相關，只與愛情和欲望相關，這裡的人赤裸裸，這裡的衝突也是純然的自然關係：鄉親、男女，結成內部關係的也是傳統倫理、血緣、地緣，貧富懸殊、生理心理的滿足等要素。

比如黑眼和余占鼇有奪妻之恨，後者代替前者以後，黑眼懷恨於心，他在戴鳳蓮出殯時受傷，不顧一切地向余占鼇放冷槍。一槍未中，二槍子彈打進自己太陽穴自殺——「盜亦有道」，黑眼不放過除去對方的機會，但他更尊重機會均等，每人只向對方打出一顆子彈，規則不能違；死要死得頂天立地，不然會玷污一世的聲名。

自殺中充滿豪氣和莊嚴，自然死亡裡也有著一份寧靜美：「陽光照著老太婆千皺百褶的臉，老太婆微笑著，好像入睡一樣，紫荊喊她她也不應聲。正午時分，柳絮像雪花一樣飄落下來，老太婆身上像落滿了白雪。」

這樣的死接近於莊子的思想。

在莊子那裡死亡是審美而非宗教的，他的哲學不解決普通人對於死亡的恐懼哀傷，也不像基督教那樣以折磨現世身心去求得靈魂的解救或精神超越，更不取佛教的否定、厭棄人生，消滅情欲。他重生——好死不如賴活，並且還要活出自由、自然來，以審美的態度超越之。所以莊子的死亡觀是豁達的，是一種解放而不是解救，故而慘痛的死亡化作為生命的意象，飛動滑翔起來，見出人物靈性的各種姿態以及附於其上的千奇百怪的美。

如果說在上述事情中作者還只在更多地描寫人物生理本能上的外在反應，並把這些反應推向峰巔的話，那麼到「奶奶」戴鳳蓮身上，就已深入人物心靈世界的內部與深處，由人物現身親自感思，迸射出主體旺盛充沛、自由活潑的精力生氣了。這股精力生氣，由於和自然之物——大海一樣汪洋的紅高粱交織一體，從而具備了深厚的底蘊，讓我們感覺出豐沛的意象美，體察一顆流動的、人性的、自由的、徹底解放了的，又不無滿足和非理性之癲狂紊亂的靈魂囈語，本來可懼和醜陋的死亡一下子變得那樣親切、自然、優美、詩情畫意了。

中槍以後，戴鳳蓮在死神不可擺脫的陰影籠罩下，不是徒然等待生命一點一滴地耗盡，而是把它變成回顧一生並激情洋溢地發出生命宣言的生命高潮——垂死之際，自由自在的靈魂，奇情異彩，在無可選擇的困境中，依然頑強地作出了選擇，以證實自己自由的本質。大段大段的獨白，配合死亡時的背景，構成一段美文：

天啦！天……天賜我情人，天賜我兒子，天賜我財富，天賜我三十年紅高粱般充實的生活。天，你既然給了我，就不要再收回，你寬恕了我吧，你放了我吧！……天，什麼叫貞節？什麼叫正道？什麼是善良？什麼是邪惡？你一直沒有告訴過我，我只有按著我自己的想法去辦，我愛幸福，我愛力量，我愛美，我的身體是我的，我為自己做主，我不怕罪，不怕罰，我不怕進你的十八層地獄。……我什麼都不怕。但我不想死，我要活，我要多看幾眼這個世界，我的天啦……

在「奶奶」眼裡，高粱活了，它們在呻吟、扭曲、呼號、纏繞，哈哈大笑，號啕大哭，淚水打在「奶奶」心胸，天與地與人與高粱交織，白雲擦著「奶奶」的臉，「奶奶」飄然而起，隨鴿子一道輕盈旋轉。

奶奶聽到了宇宙的聲音，那聲音來自一株株紅高粱。奶奶注視著紅高粱，在她朦朧的眼睛裡，高粱們奇譎瑰麗，奇形怪狀，它們呻吟著，扭曲著，呼號著，纏繞著，時而像魔鬼，時而像親人。它們在奶奶的眼裡結成蛇樣的一團，又呼啦啦地伸展開來，奶奶無法說出它們的光彩了。它們紅紅綠綠，白白黑黑，藍藍綠綠，他們哈哈大笑，它們號啕大哭，哭出的眼淚像雨點一樣打在奶奶心中那一片蒼涼的沙灘上高粱縫隙裡，鑲著一塊塊的藍天，天是那麼高又是那麼低。

奶奶覺得天與地、與人、與高粱交織在一起，一切都在一個碩大無朋的罩子裡罩著。天上的白雲擦著高粱滑動，也擦著奶奶的臉。白雲堅硬的邊角擦得奶奶的臉作響。白雲的陰影和白雲一前一後相跟著，閒散地轉動。一群雪白的野鴿子，從高空中撲下來，落在了高粱梢頭。鴿子們的咕咕鳴叫，喚醒了奶奶，奶奶非常真切地看清了鴿子的模樣。鴿子也用高粱米粒那麼大的、通紅的小眼珠來看奶奶。奶奶真誠地對著鴿子微笑，鴿子用寬大的笑容回報著奶奶彌留之際對生命的留戀和熱愛。奶奶高喊：我的親人，我捨不得離開你們！鴿子們啄下一串串的高粱米粒，回答著奶奶無聲的呼喚。鴿子一邊啄，一邊吞嚥高粱，牠們的胸前漸漸隆起來，牠們的羽毛在緊張的啄食中奓起，那扇狀的尾羽，像風雨中翻動著的花絮。……鴿子！和平的沉甸甸的高粱頭上，站著一群被戰爭的狂風暴雨趕出家園的鴿子，它們注視著奶奶，像對奶奶進行沉痛的哀悼。

奶奶的眼睛又朦朧起來，鴿子們撲棱棱一起飛起，合著一首相當熟悉的歌曲的節拍，在海一樣的藍天裡翱翔，鴿翅與空氣相接，發出颼颼的風響。奶奶飄然而起，跟著鴿子，划動新生的羽翼，輕盈地旋轉。黑土在身下。高粱在身上。奶奶眷戀地看著破破爛爛的村莊，彎彎曲曲的河流，交叉縱橫的道路；看著被灼熱的槍彈劃破的混沌的空間和在死與生的十字路口猶豫不決的芸芸眾生。奶奶最後一次嗅著高粱酒的味道，嗅著腥甜的熱血味道，奶奶的腦海裡忽然閃過了一個從未見過的場面……

最後一絲與人世間的聯繫即將掙斷，所有的憂慮、痛苦、緊張、沮喪都落在了高粱地裡，都冰雹般打在高粱梢頭，在黑土上紮根開花，結出酸澀的果實，讓下一代又一代承受。奶奶完成了自己的解放，她跟著鴿子飛著，她的縮得只如一只拳頭那麼大的思維空間裡，盛著滿溢的快樂、寧靜、溫暖、舒適、和諧。奶奶心滿意足，她虔誠地說：「天哪！我的天……」

面對沉重的生活，人們寧願獲得片刻的超越和幻想的歡樂，但在嚴酷的現實中人們又無法飛起來，缺少凌空雙翅。這時在短暫的墜落——走向死亡的過程中，便能產生自由、解脫感。

這是一種孩童式的天真幻想，是世代被生活重負壓得背彎腰折的農民解脫苦難的象徵，是被束縛在腳下肥沃土壤上勞動者掙脫現狀的企求；這永遠的夢幻可望不可即，卻又是那樣深刻地埋藏在人們的心中，伴隨著人們的一生，又在人們生死存亡的關鍵時刻浮現出來。❶

《紅高粱》裡的人物，死時只面對上天和高粱，面對兒子和丈夫，不再附加其餘，也就沒有了負擔，一味釋放，獲得完全的自由——飛升的自由。

莫言筆下的神鬼與荒誕

二十世紀八〇年代以來，描寫和平環境下軍人本身的極端事情的作品，同樣發生了深刻的變化，不再都是以身殉職型，還有了氣死的、不堪受辱絕望自殺的、由於思想僵化因循守舊造成無辜之死的，也有了以物之死突出主人之精神品節的❷，甚至出現了夢中死亡、荒誕式死亡以及精神崩潰者出於憤怒起而殺人或自殺，它在黃獻國的《靈性俑》中尤見分明。

一般來說，二十世紀的作家受「唯物主義」影響太深，一切「唯物」，寫摸得著的可以身經眼見的事情，開不得玩笑，荒誕、滑稽已少見，「神鬼」情節更為少見。

首開風氣的是黃獻國的《靈性俑》和莫言的《戰友重逢》。

先看《靈》裡的「夢中死亡」：由於敵機轟炸，「我們」都「死」了。敵人看著我們的屍體說「中國軍人都是窮光蛋」，士兵戴不起手錶。唯有一位戴了璀璨的羅馬錶。他們就認定他

❶本節有關《紅高粱》部分的論述，參見張志忠《莫言論》第五章《生命之光——愛情和死亡》。中國社會科學出版社一九九〇年三月。

❷例如莫言《金髮嬰兒》中的大公雞被孫天球擰死。它象徵了女主人旺盛的性欲。

出身貴族，對這位貴族毫不客氣，補了十槍，可見「世界上的普通軍人都有一種共同的性格，那便是仇恨貴族」。

這樣的「死」意在說明我們的普遍窮困，士兵們的最高奢望就是戴一塊手錶。而「全黨都要注重戰爭，學習軍事，準備打仗」等口號對軍人精神上的影響也是無處不滲透，它使戰爭氣氛空前膨脹，竟至於脹入戰士的夢中去了。

再就是兔娃出事。此人夜行時不注意，聽了一句莫斯科廣播電臺的「反動」新聞，成為一樁政治事故，被保衛幹事賀會智翻來覆去地盤查。此後是一連串的事情，這位士兵文化太低、腦瓜不開竅，只念過三年初小，大字不識一筐，而每有事情總是賀會智出面折磨他，關他的禁閉，五天五夜車輪戰，最後終於無法承受，他想不開抽出衝鋒槍，放出一排子彈，將賀會智打死。

賀的死有一些咎由自取的成分在內，工作方法過於簡單，有一點小權就膨脹利用，把小事無限上綱，逮住機會大肆發洩，自己的心態、精神先已扭曲、病態，將人往死裡整，不人道地整，絲毫不考慮他人的承受能力，不知道因地制宜、設身處地地關懷、幫助，碰上那些層次較低的戰士怎能避免不出事呢？

比兔娃清醒、理智，更值得人同情、理解和接受的是搞同性戀的指導員。他被「我」出賣，受撤職處分後，為軍官家屬送牛奶，官太太們卻拒絕吃，羞辱他，他崩潰了，一頭撞在磨盤上自殺。很顯然，從一時之「道德」角度對他人進行人格上的歧視、侮辱是要不得的，一般人很難意識到這點，而把別人某一方面的缺陷放大，一點蓋全部，否定整個人，無形地製造出可怕的災難和精神打擊。

以上故事發生在一九七一年九月十三日前。那一天是林彪導演兩年多的「戰備遊戲」後逃往國外摔死的日子。

林彪摔死後人們都得了「痔瘡」，治好它的辦法就是上天飛行。於是團長駕了老柴火的飛機飛出去，一頭撞在山上。

事後「人們從座次裡扒出了團長的頭骨。那是一團毛茸茸的黑灰色焦炭，兩條像蛤蟆腿似的殘肢如麥秸般纖細，被晚風一吹，便破碎開去，如煙灰般的粒狀骨灰在晚風中不斷被剝落。」幾十個人去尋找團長被彈藥崩碎的肉絲兒，鑷子鑷，裝在玻璃瓶中，只積攢到鴿子蛋那麼大的一團。

類似的情節以驚人的客觀、冷漠態度描述出來，人物的死亡就不再是悲壯或罪有應得、死有餘辜，而是殘酷的，甚至是滑稽的。其滑稽正在於事故發生的由來：團長死於石子兒卡住了操縱杆的傳動部導致的惡性飛行事故。

哪裡來的石子兒呢？「小柴火」玩耍時掉那兒的。他還是個孩子，又怎麼能當兵呢？原來他父親「老柴火」回去休假發現妻子正偷人，只好離婚，憔悴不堪的老柴火在大家的幫助下開後門把兒子搞過來當兵，父子分在一個連隊、機組。而文革期的人不經學校訓練就能上飛機，小柴火也就到飛機上搞起了勤務。

團長曾因此發火，彷彿預見了後來的出事：「新兵不學習就上飛機擺弄……不摔飛機才怪呢！我飛你們的飛機，心裡就像揣個兔子。」但是說這句話的時候他可沒想到真的應驗在自己身上。

這些怪事接二連三地頻繁出現在一支小部隊裡，恐怕也只有文革那種特定的環境才有可能——人們無法把握自己的命運，一切都是嚴酷的、艱難的，加上兩地分居、窮困、政治大氣候的嚴酷等。

有的內容則是別的軍旅小說從未關注或揭示過的，於是我們看到了心理素質低下者的神經質與同性戀、變態（藏女人畫像）、小孩子開後門當兵等。事兒好像微乎其微，卻都是引發種種事故、隱患的苗頭。

這真是荒誕歲月裡的荒誕精神、荒誕氣息，霧氣一樣彌漫籠罩著，事故發生時方才那樣荒誕不經、稀奇古怪。

從純粹藝術角度審視這裡的荒誕，可以說「荒誕也是精神主體的一種要求，……荒誕、幻化也是一種美，是一種突破了現實的硬殼、擺脫了大地的蕪雜的美，就像夢的美、癡的美、醉（酒）的美、瘋狂的美一樣」。

正因如此，日本研究戰爭文學的教授千葉宣一才說《靈性俑》是「走向世界之佳作」。

《戰友重逢》在構思上同樣極具創新特色，我甚至認為莫言後來的長篇小說《生死疲勞》，結構上也是在「模仿」它，無意識的「模仿」，不同在於《戰友重逢》藝術上是完美的，《生死疲勞》的人界和物界有時是疏遠、隔膜，沒有揉通的，難免夾生飯。

正如我們在他的短篇小說《祖母的門牙》等作品裡，看到了接生婆（祖母），看到了未來長篇小說《蛙》的「身影」。莫言的長篇小說是在「重複」、「延伸」、「發展」他的中短篇小說的結構、內容、人物。而我更喜歡他的中短篇小說，在這裡能看到其精微的結構，與人物心理、行為和諧交融。

長篇小說卻不那麼容易掌握，有時候莫言把握不好。

回頭看《戰友重逢》。

它的整體是基於「寫實」之上的情節的「夢幻性」——這應該是我國古典文學的一大優良傳統。既然《牡丹亭》裡的人物能夠因愛而死、因愛復活，既然《白娘子永鎮雷峰塔》裡的白蛇能夠春心蕩漾、變「妖」為人，幻演諸多離奇、曲折的悲歡離合，長期以來這個傳統似乎在現代文學裡絕跡，那麼，現在它就值得重新發掘與發揚。

何況，「一般地說，寫實的作品易於厚重，夢幻的作品易於輕靈，寫實的小說易於長見識，夢幻的小說易於玩才華」呢？

何況穿插、環繞、裝點一些神話的魔幻的匪夷所思的故事，能「使寫實的作品增添了一些幻化的生動神秘奇異使寫實的作品也生出想像的翅膀，生出浪漫的色彩。這就比一味寫實更文學了」❶呢？

《重逢》直接繼承了這一傳統，適合於上述評價。

它寫了中越戰爭十三年後，一幫同鄉戰友——「我」、錢英豪、郭金庫、張思國不約而同地相會於十五年前領取入伍通知書時的聚集地，河堤半腰的柳樹處的故事。其中有的已死了，有的還活著；活著的有的做軍官，有的已退伍；會集時有的在明處，有的在暗處。小說主體部分是活人對死人敘舊情，部分是死人對活人述往事。流動不息，那樣別致，那樣自如，又那麼和諧。

按照「唯物者」的觀念，烈士死後對他本人來說一切就不復存在，涉及他們的「後事」，只能是妻兒父母等活人的故事，死者自己已無知覺、感覺。

莫言沒有沿用這一思路，而是化用了《聊齋》等傳統小說裡的變異手法❷，本無「以後」的死者，還他一個「以後」，同樣有經歷故事、情趣好惡，戰友們跨越兩界，人鬼歡聚，結構上則像《紅高粱》那樣，把兩個不同時段裡——死前與死後——發生的事來去穿插，各抒衷腸，自能演繹一段「別後」情。

烈士的妻兒父母，也不再需要親自出場，而由賦予了生命的「死者」自己講說，意味自不一般。

最感人的是「起骨返鄉」那一節。

烈士錢英豪的父親，一位裝著木腿的老戰士，雖然窮得連路費都沒有，卻為完成兒子夢託的心願，獨自走雲南，白天躲在由一二〇七位烈士組成的陵園裡，不吃不喝，深夜起兒子的屍骨，大功告成後餓得、累得暈過去，感動了全體英魂。

---

❶王蒙《紅樓啟示錄》，三聯書店，一九九五年。

❷莫言曾說《聊齋》對他的影響很大。一九九一年前後他作品裡的「鬼氣」漸濃，實際上是想打破陰陽界限，讓想像更自由奔放。這既是對古典小說手法、技巧的借鑑、繼承，也是對當代小說空間只停於「凡世」、「現實」的突破。

做了鬼的英魂，覺悟依然很高，保持軍隊編制，發揚生前光榮，「像釘子一樣釘在邊疆上」。

他們先進幫後進，安排文體活動，過好組織生活。現在為搶救錢英豪的父親，又各盡所能，「驚擾活人」了。他們「搖晃電視機的天線，對著煙囪吶喊，用頭顱撞門板」，終於使陵園管理員及時發現暈倒在地的老人。

老人的舉動感動了其他人，同意他悄悄把兒子的屍骨帶回，才有了這一次的「戰友重逢」。

閻連科的長篇小說《堅硬如水》，則是由主人公高愛軍死後講故事：一段如火如荼的愛情，發生在最荒誕不經的文革亂世——高愛軍先在部隊當兵，退伍回家邂逅夏紅梅，二人都有著包辦的婚姻，都不愛自己的原配，他們相互吸引、「志同道合」，想「革命」、想出人頭地、想奪取政權，為此不惜一切，造偽證、殺人、栽贓……表面上冠冕堂皇，背著人私自裡瘋狂作樂，其作樂從墓地到草垛到地洞，以肉體交合為醉為迷，每見對手下臺他們掌權了，更是彼此以肉體犒賞、激勵對方，作家對女人身體赤裸裸的天才描繪和大量不加節制、叫人嘔吐的「文革」語詞堆積使人感覺到了他在學理上的生硬，是以異想聯翩，或光焰喧騰，或臃腫浮華，真實與荒誕並融，天才與拙劣共舉。

二人的一路升遷都是踩著他人的背，後來遭殃同樣是被別人踩了背，死於地委書記的裁贓之下。自小而大、因小見大，魑魅魍魎，誰在人間、誰在陰世？唯一真實的是性愛，是男女之事，這是那時代最重要的，可以刻骨，可以銘心，可以無愧，可以無悔，至死也吻著貼著，讓千秋萬世的男男女女珍惜「雞巴」與「乳房」！

可見傳統小說裡的虛擬時空、人神鬼三界打通，對今天的作家而言是一個「新的」領區，運用得當自可別開生面，創造一個嶄新的藝術世界。

而創新，對於作家來說則是一個永恆的話題，猶如我們面對「死亡」時一樣。

結語

我們一般把「戰爭」僅僅理解成群體的行為，其實個體間的爭鬥也是微型意義上的戰爭，任何一種衝突、矛盾都是微型的「戰爭」。任何戰爭的發起與挑動開始只存在於某幾個人心中，所以它的發生既有社會、歷史、種族等外在原因，也有內在的原因。文學作品除了寫侵略、反侵略戰爭、內戰以外，還可以寫一些特殊的戰爭，比如《靈性俑》裡臆想的戰爭，《突出重圍》裡模擬的戰爭，《紅高粱》、《豐乳肥臀》裡土匪的戰爭等等。不同「戰爭」中人物獻身的價值不大一樣，但無一不使我們關注個體生命。從這一層面說，一切戰爭都具有一定的非人道色彩。

一九八〇年以來，中國戰爭小說主題千變萬化裡的不變就是，它一般借描寫「死亡」，來突出英雄人格、精神境界的偉大，生命消失使附著其上的一切得以昇華；或者襯托另外一些人物的卑下及其改進的動力源泉。但多數描寫並不經心，沒有閒筆餘情對它進行把玩、品評、深摳狠挖。

一九八五年以後，小說趨於多樣化、多層次，體現了作家們的審美理想和超越意識。其中有兩種探索顯得尤為突出，這就是對現代主義的借鑒和尋根意識的風行。領軍人物就是莫言。後起的領軍人物是閻連科。二人都是世界級的大作家，各有千秋。

這之中雖然存在著對現代主義的簡單化照搬和對尋「根」意識的膚淺理解，偏離社會歷史、現實生活的軸心，造成了對於社會生活和廣大讀者的疏離，但它們確實有利於小說藝術描寫手法、技巧和思想、形式的多樣豐富化。

文學在對社會、人生、歷史道路的反思上取得了豐碩的成果以後，繼而朝著民族傳統和文化心理開掘，這是歷史、社會轉折變革期的要求。

當然，戰爭、動亂（文革）時期的死亡與和平年代不一樣，前者機會多，本身就是導致大

量「死亡」事情的因素。但即便同樣寫到了死亡，死亡背後的東西許多時候很不一樣：表達的手法、傳播的思想、包容的情感、達到的目的……

單單比較創作手法，我們會發現多數的作家寫作時都是在做加法，力圖把作品寫進時代，讓時代風貌在作品裡一路呼嘯，「承載」變「超載」，速度減緩，能量不足，越跑越慢，最後舉步維艱。莫言等少數人做的卻是減法，時代背景只是一個遙遙相呼、隱隱約約、若即若離的存在，虛構人物的故事才是其馳騁的主力，故事可以放在任何環境或時間內發生。具體限定於莫言，當他做此減法時，他的作品是精悍有力的，當他試圖做加法時，往往顯得力不從心，奔放的想像受到壓束，筆力滯澀。做減法成就了他，但做著減法時，也需要冒險，冒那種歷史失真、人物心理失真的風險。其間有度，很難把握，不僅需要天賦，還需要綜合其他要素。人無完人，往往不可期待上帝更多的恩寵，也就留下一些遺憾。

從描寫方法看，我們可以把小說分為實寫與虛寫兩部分。

實寫死亡包括了死亡未遂、事故死亡、病亡、戰亡、誤殺與錯殺、內鬥與傾軋、賭氣而死等，其中英雄們的壯烈獻身是主要方式。他們多半意識到自己很可能會死，抱了死亡的意識走上戰場。

虛寫的死亡即是只在藝術中才具有的一些特殊的「死亡」形式，比如夢中死亡、模擬戰爭中的假定性死亡、臆想裡有一個死、先在的死亡（死者不出場）以及靈魂不朽的超現實的或者神化了的死亡。再一個就是非人物死亡——借他物之死襯托人之英靈不死等。這些在一九八五年以前的軍旅小說中都較為少見。

至於死亡的意義，我們發現其表現在三個層面：正面的（我方）——個體之死使整體贏得和平所需付出的代價減少，活下來的戰友其靈魂得到洗滌，他們的親屬則留下無窮的心靈、精神與肉體的痛苦、不幸；中間的——死者對看似無關緊要的人物也能產生作用、影響；反面的——敵方的得失成敗，敵人也是「人」的人道主題等。

我們的作家側重於「正面」，一般會加一個光明的尾巴，藉以突出人物靈魂世界的魁偉亮麗；通常缺乏由「死亡」出發引申的對於戰爭、人性的思索與拷問。

另一個缺空就是，我們受「唯物」思想之制約，從未過問「假如人不死」那會如何這樣的命題。其實「不死」也是一個負擔。「死亡」界定了一切生命的價值和意義，這一點尤其對那些戰死的軍人為然。

「死」是我們的限度和宿命——為了建構生命意義，生理上荷爾蒙強者會挑起、發動戰爭，更不要說還有那各種利益間的競爭、人的權力欲望的發洩，等等。所以「戰爭能否消滅」如問「人是否能不死」那樣，恐怕是一個假命題。

若命題成立，那麼戰爭永存，只要人類永存！而歷史的書寫者永遠是那些在戰爭中取得勝利的人——一切會死而未死的英雄！

任何時代都需要書寫，一切時代都呼喚英雄！對於小說家來說，你塑造的英雄是傳之千古，還是曇花一現。這中間有技巧，有方法，有傳承，有創新，更有發明。

本文以莫言為核心，關照其前後左右，作了一次小小的梳理與總結，但願它對瞭解作家及其作品有所啟示和幫助。

2012年12月10日，諾貝爾文學獎獲得者、中國作家莫言在瑞典首都斯德哥爾摩舉辦的諾貝爾頒獎典禮晚宴上發表獲獎感言。

後記

一

二〇一二年十月十一日，全世界文學家的盛典日，舉國關注，莫言老師不負眾望，榮獲二〇一二年度諾貝爾文學獎。

這對中國作家來說，是激勵，也是鞭策。

莫言老師是少數一直活躍在文壇第一線的作家，橫跨兩個世紀，苦心孤詣，創作三十多年，不離不棄，懷著熱忱和理想。

尤其值得讚歎的是，他完全是自學成才，小學沒畢業就失學，後來從伍，偶然的機會被解放軍藝術學院錄取，獲得衝刺文學高峰的平臺、起點，天賦和奇蹟融合，不斷爆發，成就巨大。

祝賀他！祝福他！

他曾給我上過課，一直關注我成長；我有幸好幾次和他談文學創作，收益良多。但我不是他的「三好學生」，我是一個「不孝弟子」，曾寫過批評他的文章，影響超過我的想像。

二〇一二年春節，我給莫言老師拜年，他諒解我的「不孝」，我把寫他的全部文章都傳送過去。他一時很忙，說是抽空再看。

意外驚喜，八個月後，他獲得諾貝爾文學獎，我在《北京晚報》發表十二年前和他對話的文章，以示慶祝。

文章被好友唐建福兄看到，他問我：「還有嗎？你共計寫過多少篇關於他的文章？能不能成書？你把它們結集成書吧。我向你約稿了。」

經此一說，我找出那組文字，粗略小計，不足十萬。

獻給老師最好的禮物，莫過於給他寫書，哪怕留下諸多不足，哪怕片面，也強於無聲無息。

我加班加點，整理、修改、加工、增補舊作，匆匆成此小書，就獻莫言，就獻讀者，就獻方家。缺憾多多，請予指教。

書上的觀點甚至會前後矛盾。那些來不及深化處理，加以申述、闡發的文字，只好留待他日。

觀點不怕起爭議，越爭議影響越大。至於被爭議的對象，「我自巋然不動」。

相信莫言老師經得起爭議，值得爭議。

在我心目中，他是大師，他的那些精彩紛呈的中短篇小說、散文，堪為經典，足可傳世。

二

我這本書撰寫完成後，看到莫言老師回覆《新民週刊》記者採訪的報導，給出了讀者閱讀他作品的次序，這是一個建議，他說讀者「可以先讀《生死疲勞》這本書，然後再讀《紅高粱》、《豐乳肥臀》這些書。《生死疲勞》比較全面地代表了我寫作的風格，以及我在小說藝術上所做的探索」。

十月二十四日，《新京報》記者吳永熹等人在上海，介紹了到中國來推銷其著作的諾獎評委會前主席謝爾·埃斯普馬克，對莫言獲獎的評價。埃斯普馬克認為莫氏獨創了「幻覺現實主義」。

（諾獎頒獎詞中）我們用的詞是hallucinationary realism，而避免使用「magic realism」（魔幻現實主義）這個詞，因為這個詞已經過時了。魔幻現實主義這個詞，會讓人們錯誤地將莫言和拉美文學聯繫在一起。當然，我不否認莫言的寫作確實受到了馬奎斯的影響，但莫言的「幻覺的現實主義」（hallucinationary realism）主要是從中國古老的敘事藝術當中來的，比如中國的神話、民間傳說，例如蒲松齡的作品。他將中國古老的敘事藝術與現代的現實主義結合在一起。所以我們需要討論馬奎斯、君特·格拉斯——例如《鐵皮鼓》的影響，但我個人認為馬奎斯和格拉斯的影響不是直接的，他們真正的重要性在於讓中國式的故事講述方式變得合法了，他們讓中國作家知道可以利用自己的傳統藝術寫作。所以我想，將虛幻的與現實的結合起來是莫言自己的創造，因為將中國的傳統敘事藝術與現代的現實主義結合起來，是他自己的創造。人們還討論了其他人的影響，比如魯迅，比如福克納，福克納創造了一個地方叫約克納帕塔法縣，莫言意識到，我有自己的約克納帕塔法，就是高密。就像魯迅也有自己的魯鎮。但是，高密縣與約克納帕塔法是非常不一樣的。在我看來，莫言在他所創造的高密縣中所做的是將世界上的不同地域集中起來。在高密沒有沙漠，但在莫言的高密縣有。同樣，歷史也在他的作品中凝聚起來，其中有二戰的歷史，也有當代的故事。在我心目中，一本書就像一個微觀的世界，有自己的條件和狀況，你可以進入其中體驗。文學世界是一個雙重世界，它是一個自在的世界，但與此同時，它會強迫外在世界顯形，展現它的面目，或者換一句話說，它打開我們的眼界。例如，通過讀卡夫卡的作品，我們用卡夫卡的眼睛來看世界，會發現我們從前沒有發現的東西。文學的這種雙重作用是非常重要的，而文學常常被政治辯論所掩蓋，人們常常忘記了文學是一個自在的世界。

謝爾．埃斯普馬克是文學評論家、詩人、小說家、瑞典學院院士，一九八七年至二〇〇四年曾擔任諾貝爾文學獎評委會主席。寫有七卷本的小說《失憶》。第一部在中國問世，恰好是莫言獲獎後。十月二十三日上午，他和《失憶》的譯者萬之（萬之的夫人陳安娜，為莫言小說瑞典文譯者），在上海與幾家媒體見面。在對談中，他把「魔幻」和「幻覺」進行區分，總結了莫言小說最大的特色，角度新穎，能開闊我們的視野。

中國古代文學裡的神怪小說，以《聊齋》和《西遊記》最為著名，《水滸傳》裡的一百零八將，對等於三十六天罡七十二地煞，降妖伏魔，也有神怪小說的痕跡。莫言涵養於傳統，加進了現代元素，是一種創新。藝術上的探索難能可貴。

十月十七日，《環球時報》駐瑞典特派記者劉仲華、李玫憶則來到諾貝爾文學獎評委會主席佩爾．韋斯特伯格的家裡，聽他講述莫言、中國作家和諾貝爾文學獎的相關情況。

佩爾．韋斯特伯格一九九七年被選為瑞典文學院院士，參與評選諾貝爾文學獎；自二〇〇五年至二〇一二年，連續七年擔任諾貝爾文學獎評委會主席。

這個訪談比較全面，好多內容我們第一次聽聞：

環球時報：一些人對諾獎有這樣的印象：只有反體制的，才是諾貝爾文學獎青睞的。可以這麼理解嗎？

韋斯特伯格：我必須強調，根據諾貝爾文學獎評選法則，我們選擇的是作家個人及其作品，候選人的性別、宗教信仰、國別等因素都不在我們的考慮之列，我們只選擇那些在文學領域有突出成就的作家。因此，從理論上說，只要有足夠傑出的文學成就，我們會連續五次把這個獎授予中國作家。

環球時報：諾貝爾文學獎頒給莫言，因其文學成就的成分多一些，還是因其背後所代表的中國？

韋斯特伯格：文學院不關心作家的政治觀點或宗教信仰，而是只關心其作品。在瑞典，文化高於國家，文化高於君王，所以當年國王古斯塔夫三世創立瑞典文學院時，沒有冠以皇家的名義。但每年十二月十日諾貝爾頒獎典禮上，只有文學院院士走上台和離開時，國王才會起身致敬，這是一種殊榮。

我們的選擇從來沒有政治意圖，但有時候會有政治後果和影響。質疑莫言缺乏政治批評的說法非常荒唐，他的書中有大量對現實、對社會的尖銳批評，其尖銳性在世界文壇罕見。也許你會說他用一些華麗的外衣包裹著那些批評，讓社會容易接受。

環球時報：您如何評價莫言？

韋斯特伯格：你讀莫言之前必須做好心理準備，他的作品中除了有精彩的關於愛、自然和善良的描寫外，還有極其暴力、殘酷、血腥的描寫，比如反映二十世紀中國被日本佔領時期的作品。莫言的創作視野寬闊，幾乎涵蓋所有領域。儘管他的作品中描寫的是自己故鄉的小村莊，但讓讀者感受到的卻是人類共有的情感體驗。莫言作品的水準都很高，難分高下，但《豐乳肥臀》更讓我著迷，跟我以前讀的所有小說都不同。在我作為文學院院士的十六年裡，沒有人能像他的作品那樣打動我，他充滿想像力的描寫令我印象深刻。目前仍在世的作家中，莫言不僅是中國最偉大的作家，也是世界上最偉大的作家。

文學院沒有洩密的現象

環球時報：諾貝爾文學獎評委會委員是怎麼產生的？

韋斯特伯格：按照諾貝爾遺囑，由瑞典文學院評選文學獎得主。瑞典文學院共有十八位院士，他們推選出五名院士組成評委會。而要想成為院士，必須有一個院士去世，才能增補一名新的。院士終身制是一七八六年瑞典國王古斯塔夫三世建立瑞典文學院時就定下的。不過那時人的壽命一般是四、五十歲，而現在我們最高齡的院士已有九十四歲。一九九八年我被所有院士評選為評委會成員之一。二〇〇五年，我被推選擔任評委會主席，如今已是第七個年頭了。

環球時報：諾貝爾文學獎是怎麼評選出來的？

韋斯特伯格：每年九月，諾貝爾文學獎評委會把下一年度候選人提名的邀請發往世界各地。第二年二月一日前我們會陸續收到候選人的資料，去除那些不夠格的提名信後，將會有一份初選的「長名單」。到四月，經討論、淘汰後，提交一份二十五人左右的「觀察名單」。作為主席，我要向全體院士介紹他們的情況。五月底，根據院士意見，評委會提出最後的五人「短名單」。之後的整個夏天，院士的主要任務就是閱讀五名候選人的作品，並分別寫出對他們的推薦報告。作為評委會主席，我在評選期間的工作量之大超乎想像，我幾乎一天要讀完一本書。文學院九月中旬復會，開始進行決選。初步投票後，誰能獲獎就很清楚了。評委會就會對該作家撰寫獲獎詞及生平介紹。然而，在結果對外公佈當天，提前兩小時，我們仍然會再舉行一次投票，以正式確認獲獎者。

環球時報：每次開獎前夕，總會有關於諾獎得主的傳言，其可信度有多少？

韋斯特伯格：我知道今年博彩公司猜中了莫言，但那僅僅是猜測。很多人出於各種目的喜歡把各種各樣作者的名字提出來。對此我們很警惕，因為我們也很擔心會出現洩密，但文學院沒有洩密的現象。

對沈從文的《邊城》印象深刻

環球時報：除了莫言，您對中國當代文學的整體看法如何？

韋斯特伯格：一九八四年我去過一次中國，只此一次。之前我閱讀了大量關於中國的資料，但現在我沒有特別地關注中國，我對中國不可能做出什麼有趣的評論。當然，我還知道一些中國的作家，但我們的原則是不對在世的作家置評，以免引起不必要的猜疑。我讀過沈從文的《邊城》，印象很深刻，我還收藏了馬悅然翻譯的瑞典版本。

環球時報：以後你會更多跟中國文壇交流嗎？

韋斯特伯格：一九八四年我的一部小說曾被翻譯發表在中國一本文學刊物上。如果未來我的書在中國出版，我很樂意去中國訪問交流。我的困難在於，根據傳統，致辭的最後一段話應該用獲獎者的母語說。雖然我懂德文、西班牙文等很多語言，但中文對我來說太難了。我正在請馬悅然教我幾句中文，因為作為評委會主席，我將代表文學院在頒獎典禮上致辭。我將在典禮上用中文說：「莫言先生，瑞典文學院向你表示祝賀，現在請你舉步向前，從瑞典國王陛下手中接受今年的諾貝爾文學獎證書。」

這裡透露的重要資訊包括諾貝爾文學獎得主的產生過程，這個過程比較嚴密，相對中立。中國作家一直被關注，但是翻譯和推薦太少。

謝爾．埃斯普馬克在接受採訪時，也涉及到這些問題，並交代諾貝爾文學獎也會適當考慮一旦獲獎後，政治因素對作家本人的影響：

記者：外界有很多傳聞說中國作家魯迅、老舍和沈從文都差一點就獲得了諾貝爾文學獎，你能和我們具體說說背後的故事嗎？

埃斯普馬克：是的。我們確實討論過魯迅。問題是，在二戰以前，沒有來自東亞國家的提名。後來賽珍珠提名了林語堂，還有一個很好的中國學者、人道主義者劉半農也被提名了，他是一個非常聰明的人，但是人們並沒有將他看成一個作家。我們最先考慮的是魯迅。當時瑞典著名的地理學家斯文赫定是後面的推動人。他們找到劉半農去問魯迅，魯迅說我不想得獎，我還不夠格。魯迅是一個非常謙遜的人……後來他去世了。

記者：魯迅被提名的時候是哪一年呢？

埃斯普馬克：他沒有被提名，是我們去問他的。你看，這就是問題所在：提名不夠，許多好的作家都沒有被提名。所有的教授、筆會、作家協會、前諾獎得主都可以提名候選人，但是許多好的作家沒有被提名，然後諾獎評委會自己會提名候選人……

記者：老舍呢？外界也有關於老舍的傳聞。

埃斯普馬克：關於這件事我無法回答你們。我能告訴你們的是，瑞典學院在二十世紀六〇年代有關於好幾個日本作家的討論，他們請了四位懂外國文學的專家，這個討論持續了七年，在這個過程中，兩個人去世了，最後川端康成得了獎。

萬之：確實有傳聞說，因為當年中國處於「文革」時期，瑞典學院在一九六八年給瑞典駐北京大使館寫信詢問老舍的情況。

埃斯普馬克：不對。我們很小心，基本不會和任何政府機構接觸。有一個非常重要的事實，就是瑞典學院是完全獨立於政府的。它不會接受任何的指令，也不會接受政府的一分錢資助。政府也很高興這樣，這樣它就不用為學院的任何行為負責，因為學院做出的很多決定一些政府可能會不喜歡。我可以舉一個例子：一九七〇年我們在討論索忍尼辛，這是我知道的瑞典學院唯一一次去和大使館聯繫，他們問駐莫斯科的瑞典大使館如果把獎給索忍尼辛，會不會給他個人帶來人身危險。因為一九五八年帕斯捷爾納克獲獎，給他個人帶來了非常壞的影響，他不得不拒絕接受這個獎。瑞典學院不想讓這種情況重演，所以他們問瑞典駐蘇聯大使館，但強調只是考慮個人的風險而不是其他。大使館回答說索忍尼辛不會有風險，但這可能會影響蘇聯和瑞典兩國的外交關係，但瑞典學院回答，情況可能是這樣，但我們相信，索忍尼辛是最好的人選。這是瑞典學院不會聽命於外交部門——即政府部門的一個很好的例子。當我們討論諾貝爾文學獎的政治層面時，我們必須清楚地區分「政治企圖」（political intention）與「政治效應」（political effect）這兩個詞。一個國際性獎項總是會有政治上的效應，但是，這個獎背後從來沒有政治企圖。

諾貝爾文學獎沒有政治上的圖謀，但對其「後果」，即「政治效應」是有所顧慮的。正面效應越大，應該起到一定的促進作用；如果有很強的負面效應，對有潛力的獲獎者甚至帶來生命的威脅，評委會可能會選擇放棄。

莫言所處的時代畢竟不同於二十世紀六〇年代老舍的時代，而沈從文的失之交臂，則是由於譯介太晚。因為沈從文的文學生命，完成於一九四九年前，如果那時候就即時譯介，同步追蹤，他早就應該獲獎了。

沈從文的作品「精美、和諧、動人」，著「根」於傳統文化，文字裡沉澱了深厚的傳統文化精髓。文字之美，佳釀之純，唯有湘西出產的「無上妙品」、「酒鬼酒」可與媲美。

老舍的英譯著作，早期有《駱駝祥子》，但那個譯本取名《洋車夫》，品質較差，結尾都改成了祥子、小福子大團圓。那個人翻譯他的《離婚》時，又作了大量的修改，老舍很生氣，和那位譯者在美國打官司，贏得版權。他的其他作品，則是滯留美國期間，他自己組織的，只有《四世同堂》和《鼓書藝人》等數部。《鼓書藝人》的譯者是郭鏡秋，《四世同堂》的譯者是浦愛德。浦愛德只能聽漢語，認字則不行。老舍念，她記錄、加工。《四世同堂》的英譯本也是個縮寫本。

因此老舍所找的翻譯，遠遠比不上莫言的英文翻譯葛浩文，效率、規模和葛浩文都是沒法比的。

或許認識到翻譯的重要性，一九八〇年以後，中國政府屬下的外文局，組建「中國文學出版社」，承擔漢語文學作品的外語種翻譯和出版工作。

創辦《中國文學》等外語雜誌，定期、及時翻譯有影響的漢語小說、散文等。

我有幾位作家朋友在中國文學出版社工作，組織翻譯了許多作家的代表作，如阿城、王安憶、賈平凹、汪曾祺、蘇童。後來可能認為它作用不大，取締不辦。連出版社都改名為「新世界」了。

二十一世紀初，據朋友說現在的「新世界」後悔了，想重新組織起來，把中國文學同步翻譯出去，但原先該社的楊憲益等《紅樓夢》英文翻譯大家相繼過世，人才稀落，恢復比較難。

能像莫言這樣，廣泛交往，系統推介自己，持續受關注，並且不過問葛浩文的翻譯品質，相信葛浩文等譯者水準的作家，少之又少。

十月二十七日，謝爾·埃斯普馬克來到南京，參加譯林出版社出版的通信集《航空信》的沙龍，與《航空信》翻譯萬之，南京作家蘇童、畢飛宇對談。《航空信》的作者為二〇一一年諾貝爾文學獎得主、瑞典詩人湯瑪斯·特朗斯特羅默（另一位是美國著名詩人羅伯特·布萊特朗斯）。特羅默是瑞典最被大眾熱愛的詩人，二十世紀九〇年代初因中風喪失寫作能力、語言能力，之後只寫過一些很短的俳句。據萬之介紹，每年都有憤怒的瑞典人去瑞典學院抗議，為什麼不給特羅默諾獎。二〇一一年在特翁八十歲生日時，瑞典學院給了他最好的「生日禮物」。「其實去年莫言就很有希望得獎，後來頒給了八十歲的特朗斯特羅默，很有意義，這也是三十多年來首次頒獎給北歐作家。」

從中可見諾貝爾文學獎也會有民意壓力。莫言何時獲獎帶有一些「偶發」因素。

德國漢學家顧彬說，一九四九年之後的中國當代文學是「二鍋頭」，一九四九年之前的中國現代文學是「五糧液」，這句話不是很恰當。因為一九四九年以後，仍有精妙渾厚之作，尤其篇幅不長的作品中不少。

我揣測顧彬是從欣賞語言的角度說這番話的，但是楊絳、王安憶、阿城、黃國榮、閻連科、賈平凹、曹乃謙、李銳、鄭義、劉恆、章詒和、韓少功等人的代表作，語言都很精湛。莫言早期的中短篇小說，語言也不錯。汪曾祺的語言，無論小說文論，還是散文，都深得傳統文化底蘊，不讓乃師沈從文。這都是茅臺、五糧液。

至於佩爾．韋斯特伯格所說的「目前仍在世的作家中，莫言不僅是中國最偉大的作家，也是世界上最偉大的作家」，應該代表瑞典文學院的意見，認同者有多少，只能留待歷史來評

價。

無論如何，莫言獲獎是值得開心的大喜訊。

再次祝福他！

蔣泥

二〇一二年十月十九日初稿，十月三十一日二稿於北京

附錄一：莫言經典語錄/文選

⊙我很贊同溫總理：不讀書不僅沒有前途，還會有很多遺憾。

⊙不讀書的國家或者不讀書的民族，不敢說是愚蠢的民族，但肯定是一個留下很多遺憾的民族。在我們遠古時期，在書沒有出現的時候，人也有獲得知識的途徑和方式，人也在日常生活當中通過各種各樣的實驗來獲得知識，也有一些方式來傳播知識。但是自從書出現之後，書作為總結人類知識、傳播人類知識的途徑，應該是最便利的，也是最直接的。在這種情況下，如果把獲得知識最方便的途徑捨棄了，不去讀書自然是很遺憾的。總理號召全國人民讀書，肯定是考慮到國家的長久發展，也考慮到民族的復興，毫無疑問是非常非常正確的。

⊙我讀書分幾個階段，童年時間特別想讀書但是找不到書讀，二十世紀六〇年代出版的書特別少，我生活在鄉下，買一本書不容易。所以周圍的村莊裡誰家有一本書，我們都知道，會用各種各樣的方式把書借過來，而且都是限制時間的，抓緊時間趕快閱讀。在這種情況下，我想讀書變成了一種享受，變成了一種像饑餓了許久的人盼望著一頓美味大餐一樣的感受。這種方式讀的書，記憶特別深刻，也可能跟年齡有關係，就是當時讀的書，很多細節現在記憶猶新。後來書越來越多了，尤其是自己能夠大量買書的時候，反而讀書越來越少。借書讀容易讀，買書反而不容易讀。有時候一下子去書店，肯定不止買一本，但是很遺憾，有些書幾十年前就下決心想讀，但是現在也沒有讀。所以我們現在不急於買新書，而是應該回家把自己的書架看看，找出那些落滿灰塵早就應該讀、早就想讀但一直沒有讀的書先讀，我想這樣的書畢竟都是經典，畢竟經過時間和千百萬讀者考驗的。

⊙我小時候，氣候也和現在不同，經常下雨，每到夏秋，洪水氾濫，種矮稈莊稼會淹死，只能種高粱，因為高粱的稈很高。那時人口稀少，土地寬廣，每到秋天，一出村莊就是一眼望不到邊緣的高粱地。在「我爺爺」和「我奶奶」那個時代，雨水更大，人口更少，高粱更多，許多高粱稈冬天也不收割，為綠林好漢們提供了屏障。於是我決定把高粱地作為舞臺，把抗日的故事和愛情的故事放到這裡上演。後來很多評論家認為，在我的小說裡，紅高粱已經不僅僅是一種植物，而是具有了某種象徵意義，象徵了民族精神。確定了這個框架後，我只用一個星期的時間就完成了這部在新時期文壇產生過影響的作品的初稿。……《紅高粱》這部作品之所以引起轟動，其原因就在於它有那麼一點獨創性。將近二十年過去後，我對《紅高粱》仍然比較滿意的地方是小說的敘述視角，過去的小說裡有第一人稱、第二人稱、第三人稱，而《紅高粱》一開頭就是「我奶奶」、「我爺爺」，既是第一人稱視角又是全知的視角。寫到「我」的時候是第一人稱，一寫到「我奶奶」，就站到了「我奶奶」的角度，她的內心世界可以很直接地表達出來，敘述起來非常方便。這就比簡單的第一人稱視角要豐富得多開闊得多，這在當時也許是一個創新。

⊙這次評獎進入了最終決賽的三部作品都是中國作家的，一部是高行健的《靈山》，一部是李銳的《舊址》，《靈山》為高行健贏得了諾貝爾文學獎，《舊址》也是被很多漢學家讚揚過的作品，但評委們最終卻選擇了我的《酒國》。沃洛丁說，他們認為，《酒國》是一個具有創新精神的文本，儘管它注定了不會暢銷，但它毫無疑問地是一部含意深長的、具有象徵意味的書。這樣的評價通過一個法國作家的口說出來，真讓我感到比得了這個獎還要高興。因為我的這部《酒國》在中國出版後，沒有引起任何的反響，不但一般的讀者不知道我寫了這樣一部書，連大多數的評論家也不知道我寫了這樣一部書。

⊙對張藝謀這樣的導演來說，他不需求你小說裡的故事，導演要弄一兩個故事很容易，比你小說裡要精彩得多。導演要的可能是小說的思想，激活了他的靈感，小說就像酵母，它會使麵團發起來。電影方面的收入，好像沒有吧，《紅高粱》我才拿八百元錢，《白棉花》沒有，我跟張藝謀是老朋友了，我們之間不談錢。

⊙一個作家不可能永遠寫他自己親身經歷的事，那些事會很快耗乾，像我們移植一棵樹，樹上的一塊老土的養分很快就會被耗乾，如果要想繼續成長，這些養分是遠遠不夠的，一棵樹要成長，必須要紮到新的土壤裡。

⊙一個作家寫久了，總會想到要尋找自己的語言。……某種語言在腦子裡盤旋久了，就有一種蓄勢待發的力量，一旦寫起來就會有一種衝擊力，我是說寫作時，常常感到自己都控制不住，不是我要尋找某種語言，而是某種敘述腔調一經確定並有東西要講時，小說的語言就會自己蹦跳出來，自言自語，自我狂歡，根本用不著多思考怎麼說，怎麼寫，到了人物該出場時，就會有人物出場，到了該敘事時，就會敘事。

⊙男性裡也有一些原型，比如說《生死疲勞》裡單幹的藍臉，那也是生活中確實有這樣一個人，我作為一個孩子的時候就認識他，我走向文學之路的時候感覺到他非常有意思，你想，在全國都是人民公社的時候，只有這樣一個人在堅持單幹，一個人的力量跟整個社會相對抗，需要多麼大的勇氣，而且他要承擔多麼大的壓力，我覺得他肯定會變成我小說裡的人物，最後終於變成了。當然在寫的時候做了很多處理，很多典型人物是合成的，但主要還是在他的基礎之上，把別的很多外部的故事，發生在別人身上的事，甚至發生在自己身上的事，全都累加到這個人身上去。

⊙文學類的典型應該按照高爾基的說法，是熟悉的陌生人。大家看了以後好像覺得很熟悉，但是一想他又是陌生的，每個人都感覺在生活中遇到這樣的人，但是沒有人寫出來，他又和你所熟悉的人不一樣，這就是典型的文學閱讀。

⊙作品的影響力要靠讀者來發現。有些作品名聲很大，但它確實沒有多少文學價值和思想價值。所以不能靠名聲來判斷價值，還有比名聲更有價值的東西。

⊙風景描寫——環境描寫——地理環境、自然植被、人文風俗、飲食起居等等諸如此類的描寫，是近代小說的一個重要構成部分。即便是繼承中國傳統小說寫法的「山藥蛋」鼻祖趙樹理的小說，也還是有一定比例的風景描寫。當你構思了一個故事，最方便的寫法是把這故事發生的環境放在你的故鄉。孫犁在荷花澱裡，老舍在小羊圈胡同裡，沈從文在鳳凰城裡，馬奎斯在馬孔多，喬伊絲在都柏林，我當然是在高密東北鄉。現代小說的所謂氣氛，實則是由主觀性的、感覺化的風景——環境描寫製造出來的。巴爾扎克式的照相式的繁瑣描寫已被當代的小說家所拋棄。在當代小說家筆下，大自然是有靈魂的，一切都是通靈的，而這萬物通靈的感受主要是依賴著童年的故鄉培育發展起來的。用最通俗的說法是：寫你熟悉的東西。

⊙在人類社會中，除了金錢、名利、權勢對人的誘惑之外，另有一最大的也是致命的誘惑就是美色的誘惑。這問題似乎與女性無關，但其實也有關。

⊙人都是有自卑感的，一個永遠自信的人，不是白癡，就是魔鬼。我的寫作也是這樣。構思時總躊躇滿志，覺得肯定是個了不起的作品。但拿起筆來就會想，這行嗎？咬著牙堅持下去。寫得順的時候很樂，寫得不順的時候也很煩，不斷在快樂和沮喪之間跳躍。

⊙人其實是最複雜的動物。人是最善良的，也是最殘忍的。人是最窩囊的，也是最霸道的。也許有一天，人要從地球霸主的位置上退下來。不過那時候，我的肉體可能轉化成了別的物質。我也許變成了一束鮮花，也許變成了一堆狗屎。但我還是希望能變成一隻鳥，變成一隻在萊茵河邊漫步的野鴨子也行。

⊙戀愛時鈔票拿來更換靚衣買到浪漫，婚姻時鈔票要用來供奉柴米油鹽解決尿不濕。戀愛是心理享受，婚姻是刻板方程式。戀愛是一加一等於零兩人親得像一個人，婚姻是一加一等於三，生個孩子完成優生。

⊙在二十世紀四〇年代，我們村子裡一戶人家，兒子被炮打死了，兒媳也因病去世，撇下一個男嬰。姥姥把這個男嬰抱去撫養，最後，這個老婦人的乳房竟然又神奇地恢復了分泌乳汁的功能。山東籍作家馮德英的小說《苦菜花》裡有這樣的情節，馬奎斯也講過類似的故事。本來我在寫《豐乳肥臀》時要使用這個情節，因為別人用過了，只好放棄。可見，這種違反事物發展規律的情形，在現實生活中還是存在的。所以，我說我的寫作還有可能成長，就不完全是在說夢話。我的小說，大概可以分為兩條路線，一是《十三步》、《酒國》這條路線，技術至上，超現實的成分很多，將社會性的內容深藏其中。另外一條路線，就是《紅高粱家族》、《天堂蒜薹之歌》這樣的小說，注重地域、環境、歷史、家族、命運等比較傳統的小說因素。

我的人生體驗和故鄉、家族等原始素材，是對自己進行清算的一種寫作方式。《豐乳肥臀》是沿著《紅高粱家族》路線發展下來的那種小說的一個總結，這裡邊有比較多的

⊙我可以不喜歡某個作家，但是我無權干涉他的創作方式。如果我作為一個批評家，當然要儘量排除掉我個人的審美偏好，儘量客觀地評價別人。但是我作為一個作家，我就可以非常個性化地選擇我所喜歡的，不讀我不喜歡的。作家對社會上存在的黑暗現象，對人性的醜和惡當然要有強烈的義憤和批評，但是我們不能讓所有的作家用統一的方式表現正義感。有的作家可以站在大街上高呼口號，表達他對社會上不公正的現象的看法，但是我們也要容許有的作家躲在小房子裡用小說或者詩歌或者其他文學的樣式來表現他對社會上這些不公正的黑暗的事情的批評，而且我想說對於文學來講，有個巨大的禁忌就是過於直露地表達自己的政治觀點，作家的政治觀點應該是用文學的、形象化的方式來呈現出來。如果不是用形象化的、文學的方式，那麼我們的小說就會變成口號，變成宣傳品。在中國，流傳著一個非常有名的關於歌德的故事。有一次，歌德和貝多芬在路上並肩行走。突然，對面來了國王的儀仗。貝多芬昂首挺胸，從國王的儀仗隊面前挺身而過。歌德退到路邊，摘下帽子，在儀仗隊面前恭敬肅立。我想，這個故事向我們傳達的就是對貝多芬的尊敬和對歌德的蔑視。在年輕的時候，我也認為貝多芬了不起，歌德太不像話了。但隨著年齡的增長，我慢慢意識到，在某種意義上，像貝多芬

那樣做也許並不困難。但像歌德那樣，退到路邊，摘下帽子，尊重世俗，對著國王的儀仗恭恭敬敬地行禮反而需要巨大的勇氣。

⊙我們現在的語文教育，從教材的選定到教學的目的，已經形成了一個相當完整、自滿自足的體系，要徹底改變是不可能的。有的文章，對我們幾十年基本不變的教材提出批評，其實，教材僅僅是教育目的的產物，也就是說，有什麼樣的教育目的，就有什麼樣的教材。文學界早就對統治了中國散文界幾十年的那種類型化散文提出了強烈的批評，這些虛假成性的文章早就沒人要讀，但我們的教材還把它們當成光輝的範文，硬逼著老師升虛火，強抒「無產階級」之情，硬逼著九〇年代的學生，去模仿他們那種假大空的文體。我們要培養的是思想「健康」的接班人，並不需要感情細膩的「小資產階級」；我們恨不得讓後代都像一個模子裡做出來的乖孩子，決不希望培養出在思想上敢於標新立異的「異類」。國家鼓勵人們在自然科學領域標新立異、發明創造，但似乎並不鼓勵人們在意識形態領域裡標新立異，更不希望你發明創造。孩子們在上學期間就看出了教育的虛偽，就被訓練出了不說「人話」的本領，更不必說離開學校進入複雜的社會之後。語文水準的提高，大量閱讀非常重要。在目前教育經費普遍不足的情況下，讓學校拿出大量的錢來購買圖書很不現實，我們為什麼不能像「文革」前那樣，把語文教材分成《漢語》和《文學》兩本教材呢？我幼時失學在家，反復閱讀家兄用過的《文學》課本，感到受益很大。我最初的文學興趣和文學素養，就是那幾本《文學》課本培養起來的。另外，我覺得，我們沒必要讓中學生掌握那麼多語法和邏輯之類的知識，這些知識完全可以放到大學中文系裡學。

⊙在我的腦袋最需要營養的時候，也正是大多數中國人餓得半死的時候。我常對朋友們說，如果不是饑餓，我絕對要比現在聰明，當然也未必。因為生出來就吃不飽，所以最早的記憶就與食物有關。

⊙娘在一九六〇年裡，偷生產隊的馬料吃，被人抓住了吊起來打。當時想，放下來就一頭撞死算了。可等到放下來，還不是爬著回了家。你大娘去西村討飯，討到痲瘋病的家裡，看到人家過堂裡方桌上有半碗吃剩的麵條，你大娘看看無人，撲上去就用手挖著吃了。痲瘋病人吃剩的麵條，髒不髒？你受這點委屈算得了什麼？娘分明看到你一天比一天胖了起來，不享福，如何能胖起來？兒啊，你這是享福啊，不要身在福中不知福啊！

⊙對於我而言，短篇小說和長篇小說的創作過程是相同的，別的作家都用零散的時間來完成短篇，而我則集中時間創作，每一部短篇小說都佔用整塊兒時間來完成。記得一九九二年夏天，我就利用暑假一氣兒寫出了十幾部，因而這些短篇是成批拿給讀者的。

⊙評論家應該尊重作家的創作，評論應該是善意的，應該是從文本出發的。另一方面，作家一定要有胸懷，對於逆耳之言，應該有一定的肚量。要寬容別人的認知。

⊙我生於一九五五年，那是新中國的第一個黃金時代。據老人們說，那時還能吃飽肚皮。但好景不長，很快就大躍進了，一躍進就開始挨餓。我記得最早的一件事是跟著母親去吃公共食堂。端著盆子提著罐，好幾個村的人擠在一起排隊，領一些米少菜多的稀粥，很少有乾糧。我記得我家鄰居的一個男孩把一罐稀粥掉在地上，罐碎粥流。男孩的母親一邊打著那男孩一邊就哭了。男孩高喊著：娘哎，別打了，快喝粥吧！他忍著打趴在地上，伸出舌頭，舔地上的粥吃。他說，娘，快喝，喝一點賺一點。他的母親，聽了他的話，跪在地上，學著兒子的樣子，舔粥吃。在場的人，無不誇獎那男孩聰明，都預見到他的前途不可限量。果然是人眼似秤，那當年的男孩，現在已是我們村的首富。他靠養蟲致富。養蠍子，養知了猴，養豆蟲，高價賣給大飯店和公家的招待所。他看準了有錢的人和有權的人嘴巴越來越尖，口味越來越刁，他們拒絕大魚和大肉，喜歡吃奇巧古怪，像可愛的小鳥。眼光就是金錢。他說下一步要訓練貴人們吃棉鈴蟲。

⊙高粱葉子把轎子磨得嚓嚓響，高粱深處，突然傳來一陣悠揚的哭聲，打破了道路上的單調。哭聲與吹鼓手們吹出的曲調十分相似。奶奶想到樂曲，就想到那些淒涼的樂器一定在吹鼓手們手裡提著。奶奶用腳撐著轎簾能看到一個轎夫被汗水濕濕的腰，奶奶更多的是看到自己穿著大紅繡花鞋的腳，它尖尖瘦瘦，帶著淒豔的表情，從外邊投進來的光明罩住了它們，它們像兩枚蓮花瓣，它們更像兩條小金魚埋伏在澄澈的水底。兩滴高粱米粒般晶瑩微紅的細小淚珠跳出奶奶的睫毛，流過面頰，流到嘴角。奶奶心裡又悲又苦，往常描繪好的、與戲臺上人物同等模樣、峨冠博帶、儒雅風流的丈夫形象在淚眼裡先模糊後湮滅。奶奶恐怖地看到單家扁郎那張開花綻彩的痲瘋病人臉，奶奶透心地冰冷。奶奶想這一雙嬌嬌金蓮，這一張桃腮杏臉，千般的溫存，萬種的風流，難道真要由一個痲瘋病人去消受？如其那樣，還不如一死了之。高粱地裡悠長的哭聲裡，夾雜著疙疙瘩瘩的字眼：青天喲——藍天喲——花花綠綠的天喲——棒槌喲親哥喲你死了——可就塌了妹妹的天喲——。我不得不告訴您，我們高密東北鄉女人哭喪跟唱歌一樣優美，民國元年，曲阜縣孔夫子家的「哭喪戶」專程前來學習過哭腔。大喜的日子碰上女人哭亡夫，奶奶感到這是不祥之兆，已經沉重的心情更加沉重。——《紅高粱》

⊙他又舉起槍，擊發，啪嗒一聲細響後，一道火光躥出槍口，黯淡了霞光，照白了他的紅臉。一聲尖利的響，撕破了村莊的寧靜，頓時霞光滿天，五彩繽紛，彷彿有仙女站在雲端，讓鮮豔的花瓣紛紛揚揚。上官呂氏心情激動。她是鐵匠的妻子，但實際上她打鐵的技術比丈夫強許多，只要是看到鐵與火，就血熱。熱血沸騰，沖刷血管子。肌肉暴凸，一根根，宛如出鞘的牛鞭，黑鐵砸紅鐵，花朵四射，汗透浹背，在奶溝裡流成溪，鐵血腥味彌漫在天地之間。……女人的衰老是從乳房開始的，乳房的衰老是從乳頭開始的。因為大姐的私奔，母親一貫俏皮地

翹起的粉紅色乳頭突然垂下來，像成熟的穀穗垂下了頭。垂頭的同時，粉紅的顏色也變成了棗紅。在那些日子裡，乳房的泌奶量減少，乳汁的味道也失去了往日的新鮮芳香和甘美；淡薄的乳汁裡，有一股朽木的氣息。幸好，隨著時光的流逝，母親的心情逐漸好轉，尤其是吃過那條大鱔魚之後，低垂的乳頭慢慢翹起來，變深了的顏色漸漸淡起來，泌奶量恢復到秋天的水準。但令人不安的是，這次衰老，畢竟在乳頭與乳房連結的地方，留下了一道皺紋，猶如被折疊過的書頁，雖然重新展平，但痕跡卻難消除。這次變故，給我敲響了警鐘，憑著本能，也許是神啟，我開始改變對乳房肆無忌憚的態度，我必須珍惜它們，養護它們，把它們看做必須輕拿輕放的精緻器皿。——《豐乳肥臀》

⊙他們為什麼要吃小孩呢？道理很簡單，因為他們吃膩了牛、羊、豬、狗、騾子、兔子、雞、鴨、鴿子、驢、駱駝、馬駒、刺蝟、麻雀、燕子、雁、鵝、貓、老鼠、黃鼬、猞猁，所以他們要吃小孩，因為我們的肉比牛肉嫩，比羊肉鮮，比豬肉香，比狗肉肥，比騾子肉軟，比兔子肉硬，比雞肉滑，比鴨肉滋，比鴿子肉正派，比驢肉生動，比駱駝肉嬌貴，比馬駒肉有彈性，比刺蝟肉善良，比麻雀肉端莊，比燕子肉白淨，比雁肉少青苗氣，比鵝肉少糟糠味，比貓肉嚴肅，比老鼠肉有營養，比黃鼬肉少鬼氣，比猞猁肉通俗。我們的肉是人間第一美味。……他們吃我們方法很多，譬如油炸、清蒸、紅燒、白斬、醋溜、乾臘，方法很多喲，但一般不生吃。但也不絕對，據說有個姓沈的長官就生吃過一個男孩，他搞了一種日本進口的醋，蘸著吃。……十四年前，當我還是個孩子時，我就聽說過酒國市的官員吃男孩的故事，這故事傳得有鼻子有眼，既恐怖又神秘。後來，我的娘連續不斷地給我生弟弟，但生一個，長到兩歲左右，就突然失蹤了。我就想，我的弟弟，被人吃了。當時我就想揭穿這樁滔天罪惡，但沒有成功，因為我那時生著一種古怪的皮膚病，遍體魚鱗，一動流黃水，誰見了誰噁心，沒人敢吃我，我無法深入虎穴。後來，我專事偷竊，在一位官員家裡偷喝了一瓶畫有猿猴圖像的酒，身上的魚鱗一層層剝落，身體也越剝落越小，成了今天這副模樣。雖然我狀如嬰孩，但我的思想卻像大海一樣寬闊。吃人的秘密就要被揭露了，我是你們的大救星！——《酒國》

⊙有一次我從麻叔的衣袋裡撿了兩毛錢，到供銷社裡買了二十塊水果糖，我自己只捨得吃了兩塊，將剩下的十八塊全部送給了她。她吃著我送的糖，樂得咯咯笑，但當我摸了她一下胸脯時，她卻毫不猶豫地對著我的肚子捅了一拳，打得我一屁股坐在了地上。她說：「毛都沒紮全的小東西，也想好事兒！」我越想越感到冤枉，白送了十八塊水果糖，還挨了一個窩心拳。全世界再也找不到比我更傻的人了。我哭著說：「你還我的糖……還我的糖……」她啐了我一臉糖水，說：「拉出的屎還想夾回去？送給人家的東西還能要回去？」我說：「你不還我的糖也可以，但你要讓我摸摸你！」她說：「回家摸你姐去！」我說：「我不想摸我姐，我就想摸你！」她說：「你說你這樣一丁點大個屁孩子，就開始耍流氓，長大了還得了？」我說：「你不讓我摸就還我的糖！」她說：「你這個熊孩子，真黏人！」她往四下看了看，低聲說：「非要摸？」我點點頭，因為這時我已經激動得說不出話來了。她隱到一棵大槐樹後，雙手按著棉襖的衣角，不耐煩地說：「要摸就快點。」我戰戰兢兢地伸過手去……

她說：「行了行了！」我說：「不行。」她一把推開我，說：「去你的吧，你已經夠了本了！」她說：「今晚上的事，你要敢告訴別人，我就撕爛你的嘴！」我說：「其實，你爹已經將你許給我做老婆了。」她愣了一下，突然捂著嘴巴笑起來。我說：「你笑什麼？這是真的，不信你回家問你爹去。」她說：「就你這個小東西？」我突然想起麻嬸講過的一個大媳婦小女婿的故事，就引用了故事中的幾句話，我說「秤砣雖小墜千斤，胡椒雖小辣人心，別看今天我人小，轉眼就能成大人！」她說：「這是誰教你的？」我說：「你甭管。」她說：「那好，你就慢慢地長著吧，什麼時候長大了，就來娶我。」講完這話她就走了。——《牛》

⊙秋香，梳著飛機頭，頭髮上抹著悶香的桂花油，臉上塗了一層粉，穿著滾花邊的衣衫，綠緞子鞋上繡著紫紅的花。她真是膽大包天，竟然穿戴著給我當姨太太時的衣衫，塗脂抹粉，眼波流動，一身媚骨，一身浪肉，哪裡像個勞動婦女？我對這個女人，有清醒的認識，她心地不善，嘴怪心壞，只可當做炕上的玩物，不可與她貼心。我知道她心氣很高，如果不是我鎮壓著她，白氏和迎春都要死在她的手裡。在砸我狗頭之前，這個娘們，看清了形勢，反戈一擊，說我強姦了她，霸佔了她，說她每天都要遭受白氏的虐待，她甚至當著眾多男人的面，在清算大會上，掀開衣襟，讓人們看她胸膛上的疤痕。這都是被地主婆白氏用燒紅的煙袋鍋子燙的啊，這都是讓西門鬧這個惡霸用錐子紮的，她聲情並茂地哭喊著，果然是學過戲的女人，知道用什麼方子征服人心。收留了這個女人，是我西門鬧一片好心，那時她只是個腦後梳著兩條小辮的十幾歲女孩，跟著她瞎眼的爹，沿街賣唱，不幸爹死街頭，她賣身葬父，成了我家的丫鬟。你這個忘恩負義的女人，如果不是我西門鬧出手相救，你要麼凍死街頭，要麼落入妓院當了婊子。這婊子，哭著訴著，把假的說得比真的還真，土臺子下那些老娘們一片抽泣，抬起褉袖子擦淚，褉袖子明晃晃的。口號喊起來，怒火煽起來了，我的死期到了。我知道死在這個婊子手裡了。她哭著喊著，不時用那兩隻細長的眼睛偷偷地看我。如果不是有兩個身強力壯的民兵反剪著我的胳膊，我會不管三七二十一，衝上去，給她一個耳光，給她兩個耳光，給她三個耳光。我坦白，因為她在家庭裡搬弄是非，我確曾抽過她三個耳光，她跪在我的腳前，抱著我的腿，淚眼婆娑地望著我，那眼神之媚，之可憐，之多情，讓我的心陡地軟了，讓我的屌猛地硬了，這樣的女人，即便是搬弄口舌，即便是好吃懶做，又有何妨，於是三巴掌之後就是如醉如癡的纏綿，這個風情萬種的女人啊，是治我的一帖靈藥。——《生死疲勞》

⊙父親的手是黑的，野騾子姑姑的屁股和奶子是白的，所以我感到父親的手很野蠻，很強盜，它們彷彿要把野騾子姑姑的屁股和奶子裡的水分擠出來似的。野騾子姑姑呻吟著，她的眼睛和嘴巴在放光，父親的眼睛和嘴巴也在放光。他們兩個摟抱在一起，在熊皮褥子上打滾，在熱炕頭上翻跟斗，在木頭地板上「烙大餅」。他們的手相互撫摸著，他們的嘴巴相互啃咬著，他們的腿腳互相攀爬著，他們身上的每一寸皮膚都在互相磨蹭……磨蹭生熱，生電，他們的身體開始發光了，藍幽幽的，好似兩條鱗片閃爍的大毒蛇糾纏在一起。父親閉著眼睛不出聲，只喘粗氣，但野騾子姑姑卻在大聲地、肆無忌憚地叫喚。現在我當然知道她為什麼叫喚，但當時我比較純潔，不解男女之事，不知道父親和野騾子姑姑合演的是一齣什麼戲。我聽到野騾子姑姑嘶啞地喊叫著：親哥……讓我死吧……讓我死吧……我的心中怦怦亂跳，不知道接下來要發生什麼事情。雖然我心中並不害怕，但我確實感到緊張，恐慌，好像我的父親和野騾子姑姑，包括我這個旁觀者，都在幹著罪惡的勾當。——《第四十一炮》

⊙李武更如沒看到桌子前還有個他一樣，管自繪聲繪色地講述著大老爺的鬍鬚。「……常人的鬍鬚，再好也不過千八百根，但大老爺的鬍鬚，你們猜猜有多少根？哈哈，猜不出來吧？諒你們也猜不出來！上個月俺跟著大老爺下鄉去體察民情，與大老爺閒談起來。大老爺問俺，『小李子，猜猜本官有多少根鬍鬚？』俺說，大老爺，俺猜不出來。大老爺說，『諒你也猜不出來！實話對你說吧，本官的鬍鬚，共有九千九百九十九根！差一根就是一萬！這是夫人替本官數的。』俺問大老爺，這麼多的鬍鬚，如何能數得清楚？大老爺說，『夫人心細如髮，聰明過人，她每數一百根，就用絲線捆紮起來，然後再數。絕對不會出錯的。』俺說，老爺啊，您多生一根，不就湊成一個整數了嘛！老爺道，『小李子，這你就不懂了，世界上的事情，最忌諱的就是個十全十美，你看那天上的月亮，一旦圓滿了，馬上就要虧仄；樹上的果子，一旦熟透了，馬上就要墜落。凡事總要稍留欠缺，才能持恆。九千九百九十九，這是天下最吉祥的數字，也是最大的數字了。為民為臣的，不能想到萬字，這裡邊的奧秘，小李子，你可要用心體會啊！』大老爺一番話，玄機無窮，俺直到如今也是解不開的。後來大老爺又對俺說，『小李子，本官鬍鬚的根數，普天之下，只有三個人知道，這三個人一個是你，一個是我，一個是我的夫人。你可要守口如瓶，這個數字，一旦洩露出去，那可是後患無窮，甚至會帶來巨大的災難。』」——《檀香刑》

⊙他不敢走大街。沿著逃跑的路線，警覺地諦聽著周圍的動靜，一步步往回挪。他安慰自己，員警人生地疏，群眾都不向著他們，即使與他們對了面，我也能逃脫。員警的槍是有些嚇人，他們昨天就放了兩槍，要是打死了我就是活該倒楣。不過員警們的槍法有限，白天都打不準，何況夜裡？進了自家的胡同，他還是感到緊張。周圍熟悉的房屋和樹木的輪廓使他心裡很熱。他隱身在槐樹林裡，屏心靜氣，打量著自家的院子。院子裡靜悄悄的，牆角上有蚯蚓的鳴叫聲，窗戶裡飛進飛出著蝙蝠。他撿起一塊土坷垃，用力擲到窗外。土坷垃砸在那口破鍋上，發出很大的一聲響。院子裡屋子裡依然悄無聲息。他又投了塊石頭進去，院裡還是靜悄悄一片。為了安全，他繞了一個大圈，轉到自家房後，沿著牆根，溜到後窗下，側耳諦聽著，屋子裡只有老鼠的唧唧叫聲。——《天堂蒜薹之歌》

⊙姑姑在前，公社人武部副部長和小獅子在她身後衛護。我岳父家大門緊閉，大門上的對聯寫著：江山千古秀，祖國萬年春。姑姑回頭對眾多圍觀者道：不搞計劃生育，江山要變色，祖國要垮臺！哪裡去找千古秀?!哪裡去找萬年春?!姑姑拍著門環，用她那特有的嘶啞嗓子喊叫：王仁美，你躲在豬圈旁邊的地瓜窖子裡，以為我不知道嗎？你的事已經驚動了縣委，驚動了軍隊，你是一個壞典型。現在，擺在你面前的只有兩條道路，一條是乖乖地爬出來，跟我去衛生院做引產手術，考慮到你懷孕月份較大，為了你的安全，我們也可以陪你到縣醫院，讓最好的大夫為你做；另一條呢，那就是你頑抗到底，我們用拖拉機，先把你娘家四鄰的房子拉倒，然後再把你娘家的房子拉倒。鄰居家的一切損失，均由你爹負擔。即便這樣，你還是要做人流，對別人，我也許客氣點，對你，我們就不客氣啦！王仁美你聽清楚了嗎？王金山、吳秀枝你們聽清楚了嗎？——姑姑提著我岳父岳母的名字喊。——《蛙》

附錄二：莫言簡歷與創作年表❶

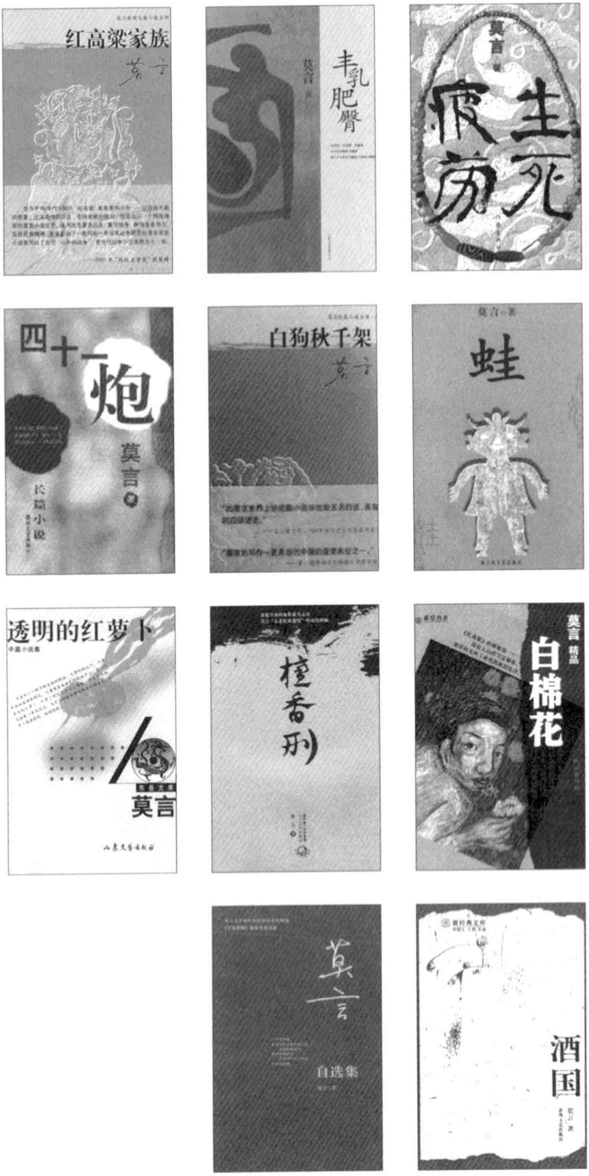

❶該表由不知名網友製作，筆者綜合加工，在此致謝。

莫言，原名管謨業，一九五五年二月十七日出生於山東高密縣河崖鎮平安村。

一九六〇年：入村小學讀書。

一九六六年：因家庭成分是富裕中農，得罪農村代表，被剝奪繼續上學的權利，在家務農。

一九六七年：十二歲在水利工地旁，因饑餓難耐，偷拔生產隊一根紅蘿蔔，被押送到工地，專門為其召開一次批鬥會，他在毛主席像前痛哭流涕，說自己再也不敢了，回家後遭父親毒打。慘痛的記憶寫成中篇小說《透明的紅蘿蔔》和短篇小說《枯河》。

一九七三年：參加挖掘膠菜運河，成為農民工。後到棉紡廠任司傍員，成為棉紡廠夜校語文老師。

一九七六年：歷盡波折終於參軍成功，時年二十一歲。

一九七九年：七月回老家成婚。而後苦經調任卻提幹無望。在同事幫助下成為一名受學生歡迎的政治課老師。

一九八一年：秋，在河北保定雙月刊《蓮池》第五期發表處女作短篇小說《春夜雨霏霏》。女兒管笑笑出生。

一九八二年：發表短篇小說《醜兵》、《為了孩子》。被破格提幹，調北京延慶當幹事。

一九八三年：春，發表短篇小說《售棉大路》、《民間音樂》。文章得到孫犁賞識，贊其有空靈之感。

一九八四年：春，發表短篇小說《島上的風》、中篇《雨中的河》、短篇《黑沙灘》。秋天，受到著名作家徐懷中賞識，以總分第二破格錄取，成為解放軍藝術學院文學系第一屆學生，徐懷中為文學系主任。

一九八五年：三十歲。發表中篇小說《透明的紅蘿蔔》，引起反響，《中國作家》組織在京作家與評論家在華僑大廈為該作舉行作品討論會。多家刊物同時推出其中篇小說《球狀閃電》、《金髮嬰兒》、《爆炸》，短篇小說《枯河》、《老槍》、《白狗秋千架》、《大風》、《三匹馬》、《秋水》等。

一九八六年：小說集《透明的紅蘿蔔》由作家出版社出版。《人民文學》第三期發表中篇《紅高粱》，引起轟動。獲得第四屆全國中篇小說獎。隨即發表系列中篇《高粱酒》、《高粱殯》、《狗道》、《奇死》，中篇小說《築路》，短篇小說《草鞋窨子》、《蒼蠅．門牙》等。夏，張藝謀找到莫言洽談購買《紅高粱》改編電影版權事宜，莫言與陳劍雨、朱偉合作將其改編為劇本。

一九八七年：出版長篇小說《紅高粱家族》。二〇〇〇年被《亞洲週刊》選為二十世紀中文小說一百強。發表中篇小說《歡樂》，受到批評，多年後該作獲得新的評價。秋天，發表中篇小說《紅蝗》。作品因強烈的個性風格和大膽褻瀆的精神，連號稱新潮的評論家都不能接受，紛紛著文批評。多年後得到新的評價。

一九八八年：春，電影《紅高粱》獲西柏林電影節金熊獎。發表長篇小說《天堂蒜薹之歌》。發表《復仇記》、《馬駒橫穿沼澤》（這兩篇收入《食草家族》）。秋天，山東大學、山東師範大學在高密聯合召開「莫言創作研討會」，論文彙編成《莫言研究資料》由山東大學出版社出版（一九九二年八月）。九月，考入北京師範大學創作研究生班。出版小說集《爆炸》。

一九八九年：出訪西德。三月，《白狗秋千架》獲臺灣聯合報小說獎。據此改編的電影《暖》獲得第十六屆東京電影節金麒麟獎。四月，中短篇小說集《歡樂十三章》由作家出版社出版。六月，發表中篇小說《你的行為使我們恐懼》。冬天，開始創作長篇小說《酒國》。

一九九〇年：發表中篇小說《父親在民夫連裡》。繼續創作《酒國》。

一九九一年：春，在高密家中創作中篇小說《白棉花》、《戰友重逢》、《懷抱鮮花的女人》、《紅耳朵》。去新加坡和馬來西亞參加文學活動。夏天，創作《神嫖》、《夜漁》、《魚市》、《翱翔》等短篇小說十二篇。畢業於北京師範大學魯迅文學院創作研究生班，獲文藝學碩士學位。秋，中短篇小說集《白棉花》由華藝出版社出版。與朋友合作創作六集電視連續劇《哥哥們的青春往事》，河南電影製片廠攝製。

一九九二年：創作中篇小說《幽默與趣味》，《模式與原形》、《夢境與雜種》。

一九九三年：二月，出版長篇小說《酒國》（湖南文藝出版社）。三月，中篇小說集《懷抱鮮花的女人》由社科出版社出版。十二月，長篇小說《食草家族》由華藝出版社出版。短篇小說集《神聊》由北京師範大學出版社出版。

一九九四年：母親在山東高密去世，莫言計畫寫一部小說獻給母親。

一九九五年：春節，在高密創作長篇小說《豐乳肥臀》。秋，五卷本《莫言文集》由作家出版社出版。冬，《豐乳肥臀》在《大家》連載。小說的發表引起巨大爭議，把莫言推到風口浪尖。單行本由作家出版社出版。

一九九六年：由莫言編劇的影片《太陽有耳》獲第四十六屆柏林電影節銀熊獎。《豐乳肥臀》停印。

一九九七年：創作話劇《霸王別姬》（與人合作）。長篇小說《豐乳肥臀》獲當時獎金額度最高的「大家文學獎」（十萬元）。轉業至最高人民檢察院《檢察日報》，為報社影視部撰寫連續劇劇本。

一九九八年：發表中篇小說《牛》、《三十年前的一場長跑比賽》，短篇小說《拇指銬》、《長安大道上的騎驢美人》、《白楊林裡的戰鬥》、《一匹倒掛在杏樹上的狼》、《蝗蟲奇談》。十二月，出版散文集《會唱歌的牆》。十八集電視連續劇《紅樹林》由《檢察日報》影視部攝製完成。

一九九九年：發表中篇小說《師傅越來越幽默》。張藝謀用這個故事改編拍成電影《幸福時光》。小說集《師傅越來越幽默》由解放軍文藝社出版。發表《我們的七叔》，短篇小說《祖母的門牙》，中篇小說《野騾子》、《司令的女人》、《藏寶圖》，短篇小說《兒子的敵人》、《沈園》。三月，海天出版社出版長篇小說《紅樹林》。十二月，海天出版社出版小說集《長安大道上的騎驢美》。

二〇〇〇年：發表中篇《司令的女人》，短篇《冰雪美人》。長篇《酒國》由南海出版社再版。《莫言小說精短系列》（一～三卷）由上海文藝出版社出版。《莫言散文》由浙江文藝出版社出版。

二〇〇一年：長篇《檀香刑》由作家出版社出版，引起文學界的再度熱議，後獲臺灣《聯合報》讀書人年度文學類最佳書獎。發表短篇《倒立》。獲第二屆馮牧文學獎。長篇《酒國》獲得法國儒爾巴泰雍外國文學獎。

二〇〇二年：與閻連科合寫長篇《良心作證》，春風文藝出版社出版。中篇《掃帚星》在《布老虎中篇小說春之卷》發表。長篇小說集、小說散文集《紅高粱家族》、《酒園》、《拇指拷》、《清醒的說夢者》、《罪過》、《師父越來越幽默》、《透明的紅蘿蔔》在山東出版社出版。散文集《清醒的說夢者》、《什麼氣味最美好》分別由山東文藝出版社和海南出版社出版。二〇〇二年至今，任山東大學文學與新聞傳播學院中國當代文學專業研究生導師。

二〇〇三年：長篇《四十一炮》由春風文藝出版社出版，獲第二屆華語文學傳媒大獎年度傑出成就獎。長篇《檀香刑》獲首屆「鼎鈞文學獎」。獲香港公開大學榮譽文學博士學位。發表短篇《木匠與狗》。散文集《小說的氣味》、《寫給父親的信》、小說集《藏寶圖》在春風文藝出版社出版。受聘為汕頭大學文學院兼職教授。

二〇〇四年：獲法蘭西文化藝術騎士勳章和華語文學傳媒大獎年度傑出成就獎。

二〇〇五年：獲第三十屆義大利NONINO國際文學獎。《檀香刑》在茅盾文學獎評比複評時排名第一，終評時名落孫山。獲香港公開大學榮譽文學博士學位。

二〇〇六年：作家出版社出版長篇《生死疲勞》。散文集《北海道隨筆》在上海文藝出版社出版。獲第十七屆福岡亞洲文化大獎。十二月十五日，「二〇〇六第一屆中國作家富豪榜」重磅發佈，莫言以一年三百四十五萬元版稅收入，榮登作家富豪榜第二十位，引發廣泛關注。

二〇〇七年：發表散文全集《說吧，莫言》三卷，約一百萬字，海天出版社出版。九月十一日，中國作家富豪榜創始人吳懷堯策劃發起「中國作家實力榜」，由朱大可、陳曉明等十位文學評論家選出五十八名作家上榜，莫言以九票高居榜首。十一月二十八日受聘為青島理工大學客座教授。

二〇〇八年：《生死疲勞》獲第二屆紅樓夢獎首獎。《四十一炮》最終入圍第七屆茅盾文學獎。十一月八日，受聘為中國海洋大學文學與新聞傳播學院駐校作家。

二〇〇九年：十二月，出版長篇小說《蛙》，上海文藝出版社出版。開始使用新浪微博，一共發微博二十八條，五十三萬多粉絲，關注五人。

二〇一一年：八月，長篇小說《蛙》獲第八屆茅盾文學獎。十一月，受聘為青島科技大學客座教授。十一月二十四日，中國作家協會第八屆全國委員會第一次全體會議投票選出中國作協第八屆全委會副主席，莫言當選副主席。

二〇一二年：五月，受聘為華東師範大學中文系兼職教授。十月十一日，獲得二〇一二年度諾貝爾文學獎。

Collection 07

大師莫言

金塊文化

作　　者：蔣泥
發 行 人：王志強
總 編 輯：余素珠
美術編輯：JOHN平面設計工作室

出 版 社：金塊文化事業有限公司
地　　址：新北市新莊區立信三街35巷2號12樓
電　　話：02-2276-8940
傳　　真：02-2276-3425
E-mail：nuggetsculture@yahoo.com.tw

匯款銀行：上海商業銀行　新莊分行（總行代號 011）
銀行帳號：25102000028053
銀行戶名：金塊文化事業有限公司

總 經 銷：商流文化事業有限公司
電　　話：02-2228-8841
印　　刷：群峰印刷事業有限公司
初版一刷：2013年7月
定　　價：新台幣270元

ISBN：978-986-89388-3-0（平裝）
如有缺頁或破損，請寄回更換

團體訂購另有優待，請電洽或傳真

國家圖書館出版品預行編目資料

大師莫言 / 蔣泥著. -- 初版. -- 新北市 : 金塊文化, 2013.07
288 面 ; 15x21公分. -- (Collection ; 7)
ISBN 978-986-89388-3-0(平裝)
1.莫言 2.訪談
782.887 102011896